AF222626

Das Beste aus
SCHWABEN

UTE BÖTTINGER
NOTBURG GEIBEL
JOCHEN SCHMID
ANDREA JENEWEIN/FRANK ROTHFUSS

Das *Beste* aus
SCHWABEN

GMEINER

Aus Gründen der Lesbarkeit und Sprachästhetik wird in diesem Buch das generische Maskulinum verwendet. Mit der grammatischen Form sind ausdrücklich weibliche sowie alle anderen Geschlechtsidentitäten berücksichtigt, insofern dies durch den Kontext geboten ist.

Alle Informationen wurden geprüft. Gleichwohl verändern sich Gegebenheiten, daher erfolgen alle Angaben ohne Gewähr. Über Ihr Feedback zum Buch freuen sich Autor und Verlag: lieblingsplaetze@gmeiner-verlag.de.

Die automatisierte Analyse des Werkes, um daraus Informationen insbesondere über Muster, Trends und Korrelationen gemäß § 44b UrhG (»Text und Data Mining«) zu gewinnen, ist untersagt.

Besuchen Sie uns im Internet:
www.gmeiner-verlag.de

© 2018 – Gmeiner-Verlag GmbH
Im Ehnried 5, 88605 Meßkirch
07575 20950
info@gmeiner-verlag.de
Alle Rechte vorbehalten
2. Auflage 2024

Redaktion: Christine Braun/Ricarda Dück
Satz: Julia Franze
Bildbearbeitung/Umschlaggestaltung: Benjamin Arnold
unter Verwendung eines Fotos von: tichr shutterstock.com
Kartendesign: maps4news.com/©HERE
Druck: Florjančič tisk d.o.o., Maribor
Printed in Slovenia
ISBN 978-3-8392-2292-8

Oberschwaben

Schwäbische Alb

Stuttgart

Heilbronner Land und Hohenlohe

Vorwort

Kehrwoche, Spätzle, Sparsamkeit – Zuschreibungen, die wir alle kennen, denken wir an Schwaben. Typisch schwäbisch ist auch der Erfinder- und Unternehmergeist: Die ganze Welt spielt Ravensburger. Der Anblick eines Zeppelin-Luftschiffs lässt jeden staunen. Überall auf der Welt fährt man Mercedes oder Porsche. Vor allem aber besticht Schwaben mit atemberaubenden Naturorten und beeindruckenden Kulturschätzen. Die Eiszeithöhlen auf der Schwäbischen Alb sind Weltkulturerbe. Die imposante Burg Hohenzollern gehört international zu den beliebtesten Reisezielen. Der Naturpark Obere Donau mit seinen malerischen Tälern und Felsformationen lässt das Herz jedes Wanderers und Kletterers höherschlagen. Ganz anders, aber nicht weniger faszinierend: die geheimnisvolle Ried- und Moorlandschaft Oberschwabens. Viel unberührte Natur mit zahlreichen Orten der Stille finden Sie in Schwaben genauso wie pulsierende Metropolen. Steigen Sie auf den Stuttgarter Fernsehturm und genießen den weiten Blick ins Schwabenland hinein. Erklimmen Sie in Ulm den höchsten Kirchturm der Welt. Erkunden Sie die Studentenstadt Tübingen mit dem Stocherkahn und gehen Sie in der Metzinger Outletcity preisgünstige Designer-Kleidung shoppen.

Dass Schwaben mehr ist als Kehrwoche, Spätzle und Sparsamkeit, wissen unsere Autoren Ute Böttinger, Notburg Geibel, Andrea Jenewein und Frank Rothfuß sowie Jochen Schmid ganz genau. Als Journalisten und Redakteure haben sie mit bewundernswertem Spürsinn und viel Liebe zu ihrer Heimat die Natur erkundet, kulturhistorische Schätze entdeckt, sich ins Tag- und Nachtleben der Städte gestürzt und sich an heimischen Spezialitäten gestärkt. Sie sind profunden Kenner ihrer Region und haben ihre Highlights, aber auch Geheimtipps in ihren Reiseführern *Lieblingsplätze in Hohenlohe*, *Schwäbische Alb – Der Westen*, *Stuttgart – Kesseltreiben und Höhenrausch* sowie *Oberschwaben von Asam bis Zeppelin* vorgestellt. Erschienen sind die Bücher erstmals bei uns im Gmeiner-Verlag in der Reihe *Lieblingsplätze*.

Wir haben die besten Lieblingsplätze aus den vier Bänden ausgewählt und präsentieren Sie Ihnen in unserer Kompilation *Das Beste aus Schwaben*. Viel Freude bei der Erkundungstour zu den Höhepunkten Schwabens wünscht Ihnen

Ihr Gmeiner-Verlag

Oberschwaben

Tourist-Information Friedrichshafen
Bahnhofplatz 2
88045 Friedrichshafen
07541 20355444
www.friedrichshafen.de

Dornier Museum Friedrichshafen
Claude-Dornier-Platz 1
88046 Friedrichshafen
07541 4873600
www.dorniermuseum.de

Ein Denkmal für die moderne Luftfahrt

1 Friedrichshafen – die Stadt am Bodensee

Natürlich liegt Friedrichshafen am Bodensee. Aber definiert sich Oberschwaben als Region zwischen Donau und Bodensee, so darf die zweitgrößte Stadt am See als lohnendes Ausflugsziel nicht fehlen. Denn schon lange gilt die Region im Bodensee-Hinterland aufgrund ihrer guten Gastronomie und Hotellerie als idealer Ausgangspunkt für einen Kombiurlaub auf Land und See. Zumindest aber verbindet Friedrichshafen verkehrstechnisch die Menschen. Denn mit seinem Hafen, seiner Bahnverbindung und dem Verkehrsflughafen wird es mehr und mehr zur Drehscheibe im Süden.

Um die Jahrtausendwende hat sich vieles verändert rund um das Flughafengelände. Die Eröffnung der Neuen Messe im Jahr 2002 mit vielen Veranstaltungen wie der Aero, der Eurobike oder der Interboot. Der Bau des Hangars der Firma Zeppelin mit ihrem Startplatz für die begehrten Rundflüge im Zeppelin NT. Und 2009 das Dornier Museum. Hier haben die Nachfahren des Flugzeugbauers Claude Dornier ihrem Großvater ein Denkmal gesetzt. Eindrucksvoll erinnert die moderne Architektur des Gebäudes an einen Hangar. Teilweise heben die legendären Flugzeuge tatsächlich noch ab. Im Museum selbst sind sie zu sehen: die Do 27, der Senkrechtstarter Do 31 oder die Merkur. Ein eigener Bereich erinnert an den Start der Do X im Jahr 1929, dem damals größten Verkehrsflugzeug der Welt. Eine spektakuläre Errungenschaft war die Rückholung der Lufthansamaschine *Landshut*, die mit ihrer Entführung im Jahr 1977 zu einem Denkmal deutscher Zeitgeschichte wurde. Sie kann in einer eigenen Halle am Flughafen in Friedrichshafen besichtigt werden.

Dass Friedrichshafen keine historische Altstadt wie Meersburg oder Überlingen vorzeigen kann, liegt nicht nur an der Zerstörung im Zweiten Weltkrieg. Eigentlich ist die Stadt nur der Hafen des württembergischen Königs Friedrich I. und hieß vor der Zusammenlegung im Jahr 1811 einfach Buchhorn. Doch auch ohne historische Stadtkulisse besitzt Friedrichshafen einen hohen Freizeitwert. Vor allem an der langen Uferpromenade zwischen Gondel- und Yachthafen steppt im Sommer der Bär.

Immer im Juli findet in Friedrichshafen das fünftägige Seehasenfest statt. Höhepunkt ist das Einholen des Seehasen mit dem Schiff.

Gasthof Zum Hirsch
Argenstraße 29
88099 Neukirch-Goppertsweiler
07528 1765
gasthof-zum-hirsch.com

Hexenhaus Hinteressach
88099 Neukirch-hinteressach

Kulinarischer Querkopf aus Leidenschaft
Goppertsweiler – Gasthof zum Hirsch

Gourmetküche muss nicht kompliziert sein. Altbewährtes neu interpretieren und mit ungewohnten Geschmackserlebnissen versehen ist die Philosophie eines Gastwirtes, der tiefgefrorene Lebensmittel konsequent aus seiner Küche verbannt hat. Hungrig wird der Gast trotzdem nicht nach Hause gehen. Zu groß ist die Auswahl an kulinarischen Verlockungen. Artur Frick-Renz ist nicht nur ein Querkopf mit außergewöhnlichen Ideen, er ist auch einer der besten Köche des Landes. Und einer der ausgezeichnetsten zugleich.

Dekorierungen von Gault Millau, Gusto-Online und dem Hotel- und Restaurantführer ViaMichelin – dies ist nur eine kleine Auswahl, aber Grund genug, weshalb Feinschmecker den Weg nach Goppertsweiler finden. Der Ort liegt auf dem Weg von Neukirch nach Wangen an der L 333. Nicht weit vom Zusammenfluss der Oberen und Unteren Argen. Dass Artur Frick-Renz hier im kleinen Gasthof zum Hirsch seine Kochkunst ausübt, kommt einer Liebeserklärung an Oberschwaben gleich. Auch wenn in seinen Adern Elsässer Blut fließt. Seine Oma, von der er vermutlich seine Kochgene geerbt hat, kam der Liebe wegen hierher. Ihre Kochleidenschaft vererbte sie der Tochter und diese dem Sohn. Das Weitergeben, das Teilen der Kochleidenschaft mit Gleichgesinnten, ist deshalb auch das Anliegen von Artur Frick-Renz. Mehrmals jährlich veranstaltet er Kurse, die sich größter Beliebtheit erfreuen und Einblick in seinen unkonventionellen und kreativen Kochstil geben. Seine Gerichte entwickeln sich aus seinem eigenen Gutdünken, basieren aber auf fundiertem Wissen. Das hat sich der Gourmet auf den Stationen seiner Lehrjahre angeeignet. Zum Beispiel bei Albert Bouley in Ravensburg oder im Discovery Beach in Barbados.

Als Appetitmacher hier ein kleiner Auszug aus seiner wechselnden Speisekarte: Doradenfilet, dazu Gemüse und Artischockenravioli mit Sumachsauce. Guten Appetit!

Nicht weit von Goppertsweiler in Hinteressach steht das *Hexenhaus*. Ein äußerst skurriles und faszinierendes Gebäude, geschaffen vom Maler Melchior Setz.

Schloss Waldburg
Schloss 1
88289 Waldburg
0170 3867302
schlosswaldburg.de

Mächtiges Wahrzeichen Oberschwabens
Waldburg – Schloss Waldburg

Ein Besuch der Waldburg ist Pflicht auf jeder Oberschwabenreise. Nicht nur, weil sie die Stammburg jenes Adelsgeschlechtes ist, das weite Teile des Landes jahrhundertelang regiert und die freien Reichsstädte in Schach gehalten hat. Die Burg gilt heute noch als Wahrzeichen Oberschwabens dank ihrer exponierten Lage auf einem 772 Meter hohen Drumlin. So heißen die aus der Eiszeit zurückgebliebenen Erhebungen Oberschwabens. Vor allem im Frühjahr wirkt die Waldburg mit der schneebedeckten Bergkulisse im Hintergrund durchaus majestätisch.

Die präzisen Anfänge des Geschlechts der Waldburger liegen eher im Dunkeln. Seit 1192 sind sie als Truchsesse am staufischen Hof bekannt. In dieser Zeit entstand auch die Burg. Zu Ruhm kam sie in den Jahren von 1220 bis 1226 als Aufbewahrungsort der Insignien des Heiligen Römischen Reiches Deutscher Nation. Dazu gehörten Krone, Zepter, Schwert, Krönungsmantel und der im Waldburger Wappen enthaltene Reichsapfel. Die Originale befinden sich heute in der Wiener Hofburg. Die Waldburg war nicht nur aus strategischen Gründen interessant, ihre geografische Lage spielte eine große Rolle beim Beginn der Landesvermessung im frühen 19. Jahrhundert: Damals diente sie als trigonometrischer Punkt. Doch so praktisch dieser Standort für die Burg und ihre Herren auch war, so unwirtlich muss das Leben bei Wind und Wetter in dem Gemäuer gewesen sein. Verständlich, dass die Fürsten von Waldburg es bald vorzogen, im nahe gelegenen Schloss von Wolfegg zu residieren.

Von dort stammt auch das Original der berühmten Waldseemüller-Karte, die heute in der Library of Congress in Washington hängt und deren Faksimile nun in der Waldburg zu bestaunen ist. Eine Weltkarte, die Amerika den Namen gab. Der Kartograf Martin Waldseemüller war der Erste, der nach den Reiseberichten des Amerigo Vespucci die neu entdeckten Gebiete als eigenständigen Kontinent zeichnete und sie Amerika nannte. Die Waldburger Karte ist die einzig noch erhaltene von den gut 1.000 Kopien, die damals im Umlauf waren.

Die edlen Tropfen des schlosseigenen Weinguts können bei einer Verkostung probiert und in der Vinothek erworben werden.

Tourist-Information Ravensburg
Marienplatz 35
88212 Ravensburg
0751 822828
www.ravensburg.de

Museum Humpis-Quartier
Marktstraße 45
88212 Ravensburg
0751 822664
www.museum-humpis-quartier.de

4 Die große Ravensburger Handelsgesellschaft und das Humpis-Quartier

Ravensburg – die Stadt der Türme

Jede Region besitzt eine Hauptstadt – ganz offiziell oder wenigstens heimlich. Ein kulturelles Zentrum, in das die Menschen zum Einkaufen fahren, in dem sie ins Theater oder zu Konzerten gehen, Amtsgeschäfte erledigen, Ärzte besuchen und dergleichen. Die Metropole Oberschwabens ist zweifelsohne Ravensburg. Die Stadt der Türme.

Im Zweiten Weltkrieg weitgehend unbeschadet geblieben, zeigt sie sich heute noch in ihrem historischen Gewande. Die alten Gebäude vermitteln ein besonderes Flair und erzählen viel von der langen, bewegten Geschichte. Die Veitsburg etwa, hoch über der Stadt, die früher Ravensburg hieß und der Stadt ihren Namen gab, erinnert an die Zeit der Welfen und Staufer. Der Mehlsack, im 15. Jahrhundert an höchster Stelle als Teil der Stadtbefestigung gebaut, erlaubte den Bürgern, das Gelände der Veitsburg und damit die adligen Herrschaften zu überwachen, und ist heute das Wahrzeichen der Stadt. Baulicher Ausdruck von Bürgerstolz findet sich an vielen Orten in Ravensburg. Das außergewöhnlichste Bauwerk mag das 1897 eröffnete Konzerthaus sein. Ein Prachtbau, wie man ihn ansonsten nur in einer Großstadt findet. Sicherlich eine Spur zu groß gebaut, aber es ging eben damals schon darum, die Bedeutung der Stadt für die ganze Region zu manifestieren. Sehenswert ist der Kulturpalast auch heute noch. Und an wenigen Tagen im Jahr wird noch ein Schatz gezeigt, den es nur hier so gibt: eine riesige Sammlung historischer Theaterkulissen. Und noch eine bauliche Sensation, ein ganzes Stadtviertel, bestehend aus sieben mittelalterlichen Häusern, die aufwendig restauriert wurden, zieht Neugierige aus nah und fern an. In ganz Süddeutschland gibt es nichts Vergleichbares, denn seit 600 Jahren wurde kaum etwas an den Häusern verändert. Gebaut wurde es von der Familie Humpis, die mit der Großen Ravensburger Handelsgesellschaft ähnlich erfolgreich war wie die Fugger in Augsburg.

Gleich neben dem Humpis-Quartier befindet sich der Laden *Trödel und Antik*, der wesentlich zur Finanzierung der Restaurierung beitrug. Verkauft werden ausschließlich von Ravensburgern gespendete Waren. Eine echte Fundgrube.

Museum Ravensburger
Marktstraße 26
88212 Ravensburg
0751 861377
museum-ravensburger.de

Central Café Bar Restaurant
Marienplatz 48
88212 Ravensburg
0751 32533
www.cafebar-central.de

5 Neue Spiele braucht das Land
Ravensburg – Museum Ravensburger

In Ravensburg gäbe es vieles zu entdecken. Das prunkvolle Konzerthaus, das Kloster Weißenau oder den Blick vom Blaserturm. Doch bei »Ravensburg« denkt man zunächst noch an etwas anderes, das weit über die Grenzen Oberschwabens hinaus bekannt ist. Europaweit. Weltweit sogar. Ein Produkt, das jeder kennt und mit dem jeder zumindest während seiner Kindheit in Berührung gekommen ist. Denn in Ravensburg sind sozusagen die Würfel gefallen. Oder man könnte auch sagen: Ravensburg ist Spielestadt.

Begonnen hatte alles mit Verlagsgründer Otto Maier. Er brachte mit der *Reise um die Erde* im Jahr 1884 sein erstes Spiel auf den Markt. Heute ist daraus der Konzern *Ravensburger* entstanden. Ein Marktführer in Sachen Spiele, zu erkennen am blauen Dreieck auf der Packung. Zu Rekordzeiten wurden im Lager in Ravensburg 98.000 Europaletten mit Spielen, Puzzeln und Büchern verzeichnet, die in mehr als 80 Ländern auf fünf Kontinenten der Erde gespielt und gelesen werden. Neben Puzzles kommen vor allem Spiele wie *Fang den Hut*, *Memory* oder *Malefiz* aus Ravensburg – zu bestaunen im Museum Ravensburger. Spieleklassiker, die auch heute noch aktuell sind und das Herz eines jeden Spielefreaks höher schlagen lassen. Deshalb gibt es einmal jährlich am letzten Sommerferienwochenende *Ravensburg spielt*. Ein Volks- und Familienfest der besonderen Art. In der ganzen Innenstadt können die Besucher die neuesten Spieletrends ausprobieren.

Nicht nur an solchen Tagen spürt man, dass Ravensburg eine junge, lebendige Stadt ist. Ein pralles Kultur- und Freizeitangebot lockt die über 50.000 Einwohner und Gäste. Besonders beliebt ist im Sommer das Flappachbad. Ein wunderschön gelegener Badesee am Rande der Stadt. Ein echter Geheimtipp ist die zu Ravensburg gehörende Gemeinde Schmalegg. In der leicht hügeligen Landschaft kommen Golfer auf einem der schönsten Plätze Oberschwabens auf ihre Kosten. Aber auch Naturliebhaber werden fündig. Mitten im Wald liegt der Schmalegger Tobel mit seinem acht Meter hohen Wasserfall. Ein wildromantisches Idyll für Stressgeplagte auf der Suche nach Ruhe.

Sehen und gesehen werden. So lautet das Motto in den vielen Ravensburger Straßencafés. Kultstatus besitzt das Central am Marienplatz.

**Blutfreitagsgemeinschaft
Weingarten e.V.**
Sechserweg 7
88250 Weingarten
0751 5577576
www.blutfreitagsgemeinschaft-
weingarten.de

Oberschwäbische Reiterprozessionen
6 Weingarten und Bad Wurzach – Blutritte

Frömmigkeit. Andacht. Tradition. Schauspiel. Nur schwer lässt sich dieses Ereignis in Worte fassen. Für Außenstehende hat es etwas von Aberglaube und Altmodischem. Aber eine Mode ist es ganz gewiss nicht. Es gehört zu Oberschwaben. Es ist vielleicht Oberschwaben. Geprägt durch Geschichte und Menschen. Durch ihre tiefe Verwurzelung in Glaube und Religion – gerade heute.

Das Ganze gleicht einem Pilgerzug, der aus einer anderen Welt kommt. Für den Betrachter ist nur schwer zu verstehen, was sich dahinter verbirgt. Es ist der heilige Blutritt, die größte Reiterprozession der Welt. Immer am Tag nach Christi Himmelfahrt ziehen über Tausend Reiter durch und um Weingarten. Mehrere Zehntausend Besucher säumen den Weg. Es ist ein Schauspiel. Die Reiter versinken in Meditation, beten litaneiartig Psalmverse vor sich hin und scheinen der Welt entrückt. Der Weingärtner Pfarrer trägt die Heilig-Blut-Reliquie, um deren Verehrung es geht: In ihr soll sich mit Erde von Golgatha vermischtes Blut von der Kreuzigung Jesu Christi befinden. Die Gemahlin des Klostergründers Welf IV. brachte sie nach Weingarten.

Während der Blutritt hier 1592 erstmals erwähnt wurde, ist die Tradition in Bad Wurzach noch nicht einmal 100 Jahre alt. Hier geht es um zwei kleine Leinenstückchen mit Blutstropfen Jesu Christi, die in ein kostbares Kreuz eingearbeitet sind. Die Tradition des Blutritts wurde von den Salvatormönchen auf dem Gottesberg initiiert. Aber nicht als Konkurrenz zu Weingarten. So gibt es Unterschiede wie den Pferdewagen, der die Reliquie hinaufbringt zum heiligen Ort, dem Gottesberg. Dieser Hügel vor den Toren Wurzachs besaß schon immer eine magische Anziehungskraft und hat eine lange Wallfahrtsgeschichte. Der Truchsess Ernst Jakob von Waldburg ließ vor etwa 300 Jahren die Kirche für die vielen Pilger bauen. Nach Christi Himmelfahrt begleiten mittlerweile zwischen 1.000 und 2.000 Reiter die Prozession, die als eine der größten europaweit gilt.

Am ersten Maisonntag begeht Ochsenhausen seine Reiterprozession. Über 600 Teilnehmer sind am St.-Georgs-Ritt beteiligt.

Vorseer Stallbesen
Vorsee 10
88284 Wolpertswende-Vorsee
07502 9124430
www.vorseer-stallbesen.de

Hofladen Vorsee
Vorsee 81
88284 Wolpertswende-Vorsee
07502 9113178
hofladen-vorsee.de

1 Oberschwabens beliebteste Besenwirtschaft

Wolpertswende – Vorseer Stallbesen

Auf dem Weg von Ravensburg nach Altshausen, in dem der Herzog von Württemberg residiert, passiert man eine traumhaft schöne Naturlandschaft, die mit vielen kleinen Gewässern garniert ist und fast etwas skandinavisch anmutet. Es ist die Blitzenreuther Seenplatte. Die Gegend lädt zum Verweilen ein. Lange Spaziergänge auf endlosen Waldwegen. Manche Seen werden im Sommer zum Baden genutzt. Der interaktive Naturerlebnispfad gibt Auskunft über diese einzigartige Gegend.

Wer den Tag mit einem Wirtshausbesuch abrunden will, braucht nicht zurück in die Stadt zu fahren. Gutes Essen und Trinken gibt es auch auf dem Land. Dafür ist Oberschwaben der beste Beweis. Viele der Wirtschaften und Einkehrstuben finden sich nur schwer, so abgelegen sind sie, und doch: Die Einheimischen kennen sie alle. Ein echter Geheimtipp ist deshalb auch der Vorseer Stallbesen nicht mehr. Zwar haben die Angehörigen des Hochadels diesen Einkehrtipp eher nicht auf ihrer Liste, handelt es sich doch »nur« um eine Besenwirtschaft, doch die meisten wissen, dass hier immer was los ist. Zu essen gibt es Schmalzbrot, Tellersulz, Schlachtplatte und vieles mehr, meist aus eigener Herstellung. Eine Spezialität ist die Dinnete, eine Art oberschwäbische Pizza, die dem Elsässer Flammkuchen gleicht.

Das Ganze wird garniert mit Kleinkunstveranstaltungen: Mundart, Kabarett und Musik. Im Sommer sitzt man gemütlich in der Gartenwirtschaft unterm Lindenbaum. Egal ob drinnen oder draußen, in der Besenwirtschaft zwischen Blitzenreute und Altshausen gibt es selten einen freien Tisch. Dabei wurde der Vorseer Stallbesen eher aus der Not geboren. Josef und Emmi Fürst mussten all ihre Kühe schlachten, weil diese krank waren. Doch dann haben sie beschlossen, sich einen Lebenstraum zu erfüllen. Schließlich war Emmi Fürst schon immer eine ausgezeichnete Köchin. Schnaps wurde bereits selbst gebrannt und Kartoffeln gab es in Hülle und Fülle. Das Rezept ging auf. Ein Besuch im Stallbesen lohnt sich immer. Und die Blitzenreuter Seenplatte gehört zu den noch wenig entdeckten Naturschönheiten Oberschwabens.

Noch ein landwirtschaftliches Konzept: Im Hofladen der Familie Knam werden die eigenen Produkte, aber auch die von vielen Partnern der Region verkauft.

Bad Wurzach Info
Rosengarten 1
88410 Bad Wurzach
07564 302150
www.bad-wurzach.de

Der Adler Dietmanns
Ochsenhausener Straße 44
88410 Dietmanns
07564 91232
www.adler-dietmanns.de

8 Europas größtes Lachmöwentreffen
Bad Wurzach – Schloss und Umgebung

Bad Wurzach auf sein Schloss und das Ried zu reduzieren, wäre mit Verlaub eine Untertreibung. Denn die Stadt an der Übergangszone zwischen Allgäu und Oberschwaben hat wesentlich mehr zu bieten. Zwar suchen die meisten Besucher sicherlich Erholung auf ausgedehnten Spaziergängen und Wanderungen in der lieblichen Voralpenlandschaft. Doch wer kommt dabei auf die Idee, ein Siechenhaus zu besichtigen? Aber es ist eine echte Rarität und einmalig in Süddeutschland.

Auf den ersten Blick klingt es nicht sehr einladend: ein Museum in einem Siechenhaus. Die einstige Unterkunft der Aussätzigen von Wurzach. Aber dann lohnt sich der Gang hierher doch. Das Leprosenhaus liegt am Rande der Stadt auf einer abgelegenen Anhöhe. Die Bewohner waren zweifellos arme Menschen. Menschen, von denen niemand etwas wissen wollte. Ein Problem, das auch unserer heutigen Gesellschaft nicht ganz fremd ist. Den Aussätzigen war es verboten, sich der Stadt zu nähern oder gar sie zu betreten. Einmal die Woche gab es einen sogenannten Betteltag. Kenntlich gekleidet mit ihrem Siechenmantel und Hut durften sie vor den Toren der Stadt um milde Gaben bitten. Diese legten die Spender in einen Beutel, der an einem langen Stock befestigt war. So wurde jeglicher Körperkontakt vermieden. Im Haus selbst wurden die meist leprakranken Menschen von einer Magd versorgt. Wichtig war das regelmäßige Bad. Denn schon im Mittelalter wurde erkannt, dass Hygiene ein Heilfaktor sein kann.

Zur Erkundungstour rund um Bad Wurzach gehört auch der Besuch des Rohrsees. Der bietet einmal im Jahr ein Naturschauspiel der besonderen Art. Tausende Lachmöwen benutzen ihn als Brutstätte. Der kleine See ist somit die größte Möwenbrutstätte Europas! Die gefiederten Besucher kommen aus Frankreich, Italien, Spanien, Portugal und Nordafrika. Verschiedene Entenarten, Tauchvögel, Rohrsänger, Rohrdommeln, Wasserrallen und Sumpfhühner gesellen sich dazu. Leider können wir nicht direkt ans Seeufer. Der Wanderweg hält Distanz. Gut so – für die Seebewohner, die hier eines ihrer letzten Rückzugsgebiete in Ruhe genießen können.

Der Adler Dietmanns ist Kult. Der Wirt hat Theaterwissenschaft, Zeitungswesen und Politik studiert. Deshalb ist es nicht nur ein gutes Speiselokal, sondern auch eine renommierte Kleinkunstbühne der Region.

**Wurzacher Ried und Naturschutz-
zentrum Bad Wurzach**
Rosengarten 1
88410 Bad Wurzach
07564 302190
wurzacher-ried.de

9 Am Anfang war das Eis
Bad Wurzach – Wurzacher Ried

Als wäre die Zeit stehen geblieben, rosten sie vor sich hin. Relikte noch nicht allzu lang vergangener Tage. Im Jahr 1996 wurde der Torfabbau im Wurzacher Ried gestoppt. Die alten Gerätschaften und Maschinen der ehemaligen Torfwerke dokumentieren die 200 Jahre alte Geschichte der Riedkultivierung. Das alte Torfstecherbähnle fährt heute Touristen durchs Ried. Sie sollen sehen, was hier bewahrt und rekultiviert wird. Denn praktisch fünf vor zwölf konnte eine der letzten großen Moorflächen des Landes gerettet werden. Eines der größten noch intakten Hochmoore in Mitteleuropa überhaupt.

Das Paradies ist entstanden durch riesige Schmelzwasserseen des sich zurückziehenden Rheintalgletschers. Absterbende Pflanzenreste, die sich infolge von Sauerstoffmangel nicht zersetzen konnten, verwandelten das Ganze in große, feuchte Moorgebiete. Dank des Naturschutzes ist es heute wieder ein einzigartiger Lebensraum für Tiere und Pflanzen. Zur Pflege, Entwicklung und langfristigen Sicherung des europadiplomierten Naturschutzgebietes werden unablässig umfangreiche Maßnahmen durchgeführt. Dazu gehören Wiedervernässung, die Pflege von Feucht- und Nasswiesen sowie Besucherlenkung.

Gäste sind eingeladen, mit offenen Augen und Ohren das Ried zu entdecken – am besten gemeinsam mit dem Naturschutzzentrum. Bei Führungen auf einem weit verzweigten Wegenetz können Gäste die eindrucksvolle Moorlandschaft näher kennenlernen und die Entwicklung hautnah miterleben. Da erfahren sie dann auch, was Torfmoose sind und warum diese für die Entstehung des Moores verantwortlich sind. Sie sehen Pflanzen, deren Namen sie zuvor vielleicht noch nie gehört haben: Kuckucks-Lichtnelke, Teufelsabbiss, Wiesenknöterich. Oder sie entdecken den einen oder anderen Moorbewohner: Frösche, Schlangen, Insekten, Schmetterlinge und natürlich viele Vögel. Am besten beim morgendlichen Vogelkonzert.

Zum Torfmuseum und dem Torfbähnle gehört auch ein Torfstecherpfad, der an verschiedenen Stationen zeigt, wie der Torfabbau vonstattenging.

Horst Schmidt

Hotel & Landgasthof Kreuz
Mattenhaus 3
88339 Bad Waldsee
07524 97570
www.hotel-kreuz.de

10 Nicht nur wunderschön anzuschauen!
Mattenhaus – Hotel-Landgasthof Kreuz

Auf der viel befahrenen B 30 zwischen Bad Waldsee und Biberach passiert man eine Stelle, die früher ein wichtiges Wegekreuz gewesen sein muss. Zumindest steht hier ein Gutshof, der bis ins Jahr 1929 im Besitz der Fürsten zu Waldburg-Wolfegg gewesen ist. Bis ihn die Vorfahren von Horst Schmidt gekauft haben. Der Koch führt heute mit Unterstützung seiner Schwestern Marlies und Sandra den Landgasthof. Und ein Stopp lohnt sich mehr denn je. Denn die Spezialitäten seiner Küche erfreuen sich größter Beliebtheit.

Kochen mit Kräutern und Blumen. Für Horst Schmidt keine ausgefallene Modeerscheinung. Vielmehr eine uralte, vergessene Tradition. Früher gehörten Kräuter und Blumen zur Speise einfach dazu. Als Gewürz oder als Verzierung. Selbst in den Geschichtsbüchern findet man dafür genügend Belege. Die Pflanzen kommen aus dem hauseigenen Kräutergarten. Den pflegt der Gastronom mit viel Liebe, denn pestizidfreie Zutaten sind selbstverständlich.

Für seine Gäste kürt er das ganze Jahr über die Kräuter des Monats: Anis, Kümmel, Thymian, Bärlauch, Rauke, Salbei, Basilikum, Lavendel, Pfefferminze, Rosmarin, Chili und Zimt. Seine Gerichte sind oberschwäbisch, aber auch der internationalen Küche verschließt er sich nicht. Die Kunst besteht darin, herauszufinden, zu welchem Gericht welche Geschmacksverfeinerung durch die Kräuter und Blumen passt. Und hier sind Überraschungsmomente sicher. Denn oft begegnet der Gast ungewöhnlichen Kombinationen. Aber auch die Dekoration spielt eine große Rolle, denn schließlich isst das Auge mit. Zur Philosophie von Horst Schmidt passt, dass er seine Nahrungsmittel aus der Nachbarschaft bezieht. Etwa die Kartoffeln und den Apfelsaft vom Biohof Weber. Oder das Rindfleisch aus dem Allgäu, direkt von der Weide.

Kein Wunder also, dass sich das alte Wegekreuz immer noch größter Beliebtheit erfreut. Für die Bad Waldseer Bürger ist es schon lange kein Geheimtipp mehr. Im Sommer wird es mitunter schwer, im baumbeschatteten Biergarten einen Platz zu finden.

Beliebt sind auch die Aktionen und Events von Horst Schmidt: die Kräutergarten-Besichtigungen, die Mattenhauser Kräutertage oder die Mattenhauser Kräuterabende.

Erwin Hymer Museum
Robert-Bosch-Straße 7
88339 Bad Waldsee
07524 97667600
www.erwin-hymer-museum.de

Schwäbische Bauernschule
Bad Waldsee
Frauenbergstrasse 15
88339 Bad Waldsee
07524 40030
www.schwaebische-bauernschule.de

11 Ein Muss für Wohnmobilfreunde

Bad Waldsee – Erwin Hymer Museum &
Schwäbische Bauernschule

»Berufs- und Arbeitspädagogik«, »Unternehmerisch handeln und denken«, »Betriebswirtschaft für junge Bäuerinnen« – was sich nach ziemlich
viel Theorie anhört, ist in Wirklichkeit Programm einer äußerst volks-
nahen Weiterbildungseinrichtung: der Schwäbischen Bauernschule Bad
Waldsee. Das Institut liegt oben auf dem Berg. Eigentlich hätte hier der
Kurbetrieb vor Jahrzehnten heimisch werden sollen. Doch aus Rücksicht
auf die Patienten verzichtete die Stadt darauf – des steilen Anstieges wegen.

So genießen heute Lernwillige aus nah und fern den einmaligen Blick
über die Stadt. Gegründet wurde dieses Institut kurz nach dem Zweiten
Weltkrieg. Gedacht als Heimvolkshochschule für die Landjugend ist es
heute ein komfortables Bildungshaus mit bester Verpflegung aus regionaler Küche für ein- und mehrtägige Seminare. Vor allem Frauen aus dem
ländlichen Raum, aber auch Stadtmenschen finden hier die Möglichkeit,
für ein paar Tage dem Alltag zu entfliehen und sich in ungezwungener
Atmosphäre fortzubilden. Die Kurse befassen sich mit berufsorientierten
Themen genauso wie mit musisch-kulturellen Inhalten. Nicht nur, wer
Landwirtschaft betreibt, wird fündig, auch ehrenamtliche Vereinsmitglieder oder Mitarbeiter aus der öffentlichen Verwaltung.

Kein Wunder also, dass Bad Waldsee schon immer genug Nährbo-
den für visionär denkende Menschen bot. Zwei von ihnen waren der Flug-
zeugpionier Erich Bachem und Erwin Hymer. Beide revolutionierten mit
ihrer Leichtbauweise die Wohnwagengeschichte. Wer erinnert sich nicht
an die Modelle aus der Nachkriegszeit mit den Fabelnamen wie *Faun*,
Puck oder *Troll*? Längst ist Hymer eine Weltfirma geworden, die moderne
Caravans herstellt. Am Stadtrand von Bad Waldsee hat sich Erwin Hymer
einen Lebenstraum erfüllt. Eine einzigartige Museumswelt zur Geschichte des Wohnmobils in einem einzigartigen Bauwerk, das weithin sichtbar
vor den Toren Bad Waldsees gelegen ist.

Sie können sich in Bad Waldsee ein Wohnmobil auch ausleihen. Die
zahlreichen Stellplätze in der Umgebung laden dazu ein, Urlaub in der
hügeligen oberschwäbischen Landschaft mit ihren zahlreichen Badeseen
zu machen.

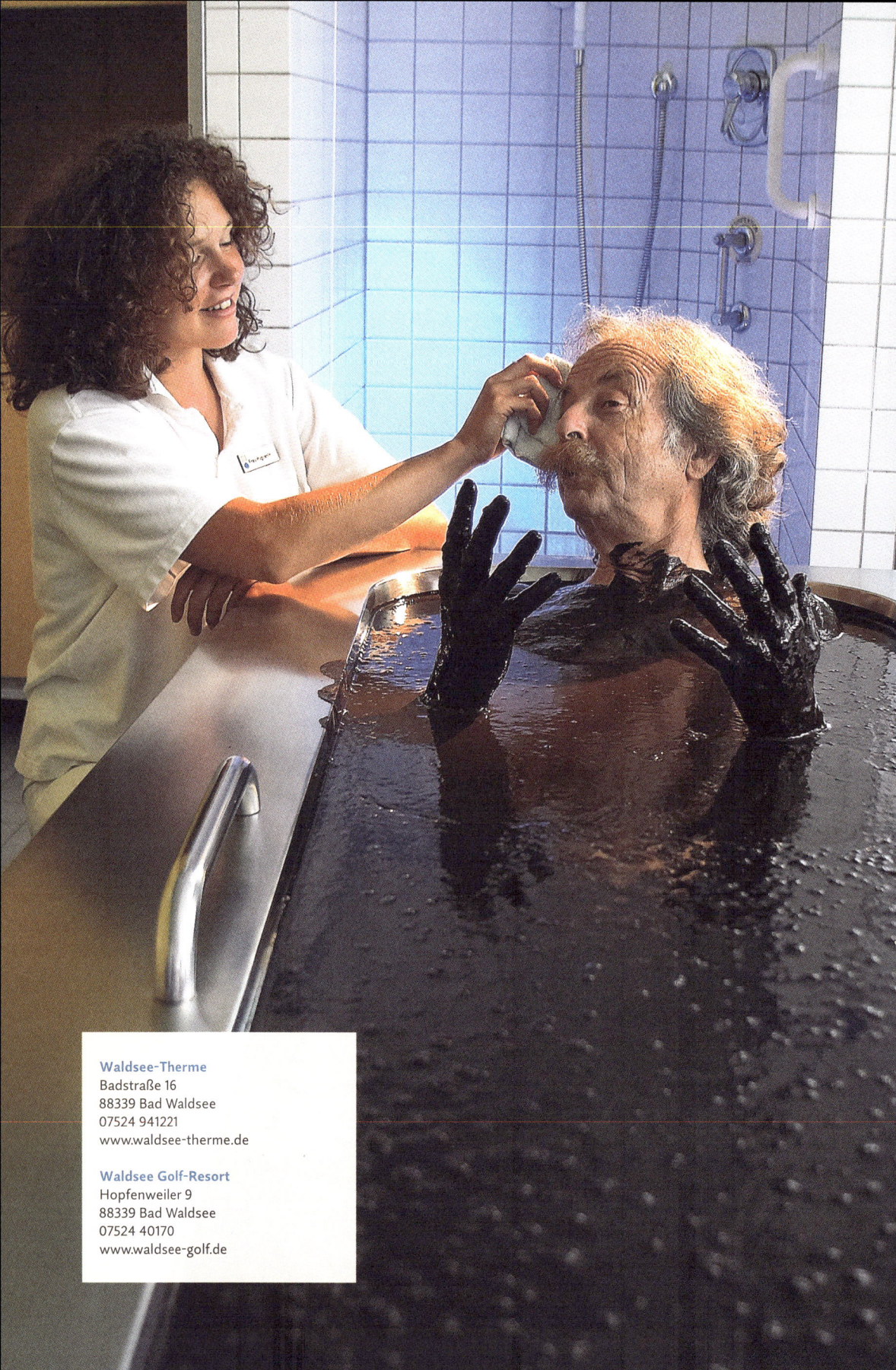

Waldsee-Therme
Badstraße 16
88339 Bad Waldsee
07524 941221
www.waldsee-therme.de

Waldsee Golf-Resort
Hopfenweiler 9
88339 Bad Waldsee
07524 40170
www.waldsee-golf.de

12 Im Zentrum der Schwäbischen Bäderstraße
Bad Waldsee – Waldsee-Therme

Wer sich für die Herren von Waldburg interessiert, sollte einen Blick in die Stiftskirche St. Peter werfen. Hier steht das Epitaph des Truchsesses Georg I. von Waldburg – auch der *Eiserne Mann* genannt. Er war der Urgroßvater des Bauernjörgs und Begründer der heute noch in zwei Verzweigungen bestehenden Familie Waldburg. Zu seinen Lebzeiten bauten die Waldseer ihr mächtiges Rathaus, um den Adligen und damit vor allem ihm ihre Stärke zu demonstrieren. Berichten zufolge gab es auf ihn auch Anschläge, denen er nur knapp entkam.

Heute geht es friedfertiger zu in Bad Waldsee. Die meisten Besucher kommen des Schwarzen Goldes wegen. Früh wurde erkannt, dass Erde aus abgestorbenen Pflanzenresten ein unschätzbares Heilmittel darstellt. Wissenschaftliche Untersuchungen hatten diesen Umstand bereits Jahrzehnte im Voraus belegt. Im Juli 1950 begann der Badebetrieb im heutigen Maximilianbad. Nur sechs Jahre später verlieh die Landesregierung die Prädikate »Moorheilbad« und später auch noch »Kneippkurort«. Waldsee wurde also im doppelten Sinne zum Bad – dem ersten in Baden-Württemberg und einem der wenigen Kurorte in ganz Deutschland mit zwei staatlich anerkannten Auszeichnungen. 1994 kam ein neues attraktives Angebot hinzu: die Waldsee-Therme. Ihr aus 1.800 Meter Tiefe gewonnenes fluorid- und schwefelhaltiges Wasser ist mit 65 Grad Celsius die heißeste Thermalquelle Oberschwabens. Nicht nur dank der vielen Massagedüsen, Sprudelbänke, des Strömungskanals oder der Dampfgrotte wurde es zum Wohlfühlbad. Hinzu kommt die ansprechende Architektur. Auf 720 Quadratmetern schuf der renommierte Architekt Hans-Dieter Hecker eine Badelandschaft der runden Formen – lichtdurchflutet dank der modernen Bauweise aus Glas und Stahl. Rundum ein Bad, das Größe und Ruhe miteinander gekonnt vereint. Übrigens schuf Hecker auch die berühmte Caracalla-Therme in Baden-Baden. Benannt nach dem Erbauer der großen Therme im antiken Rom: Kaiser Marcus Aurelius Severus Antoninus – mit dem Spitznamen Caracalla.

Übernachten Sie im Waldsee Golf-Resort in Hopfenweiler. Das fürstliche Vier-Sterne-Haus verbindet Golf, Wellness und Essen auf höchstem Niveau in einer traumhaften Lage am Rande der Stadt.

Tourist-Information Bad Waldsee
Ravensburger Straße 3
88339 Bad Waldsee
07524 941342
www.bad-waldsee.de

Hofgut Elchenreute
Andechser Waldwirtschaft
Elchenreute 1
88339 Bad Waldsee
0151 67467097
www.elchenreute.de

13 Unberührt von Menschenhand
Elchenreute – Bannwald Brunnenholzried

Beim Thema Moor denken wir zuerst an die großen Naturschutzgebiete Federsee und Wurzacher Ried. Unbeachtet bleiben die unzähligen über ganz Oberschwaben verstreuten kleinen Riedgebiete. Gerade sie machen den besonderen Reiz dieser Landschaft aus. Zwischen Bad Schussenried und Bad Waldsee sticht uns sofort die mitten im Wald gelegene Kapelle und das dazugehörende Wirtshaus ins Auge. Elchenreute heißt der Ort. Keine Angst. Es ist nicht damit zu rechnen, dass hier eines dieser enorm großen skandinavischen Wappentiere aus dem Wald kommt.

Nein, der Name ist anderen Ursprungs. Die vielen »Reute« in Oberschwaben deuten vielmehr auf ein Waldrodungsgebiet hin. Dazu kam die entsprechende Person, die gerodet hat. Helicho in diesem Fall. Ein germanischer Name, aus dem mit der Zeit »Helchen-reute« beziehungsweise »Elchenreute« wurde. Wie dem auch sei. Trotzdem ist ein Stopp angesagt. Denn im angrenzenden Waldstück liegt ein Naturschutzgebiet der besonderen Art: der Bannwald Brunnenholzried. Ein etwa 100 Hektar großes Waldgebiet, das naturbelassen und ohne forstwirtschaftlichen Eingriff geblieben ist. Urwald mitten in Oberschwaben also. Ab 1903 begann der Lehrer Karl Bertsch das Ganze zu erforschen. Dank der seit Jahrtausenden im Torf konservierten Blütenstaubkörnchen kam die Urgeschichte des Waldes zum Vorschein. Birke, Hasel, Eiche und so weiter. Jede Baumart war etwa 3.000 Jahre dort heimisch, verewigt in 60 Zentimetern Torfschicht. Artenreichtum auf kleinstem Raum prägt auch heute noch das Erscheinungsbild dieser Landschaft. Je nach Wasserstand trifft man auf unterschiedlichste Baumarten. Ein Teil besteht aus sterbendem Fichtenmoorwald, ein anderer aus Bergkiefern. Seltene Pflanzen wie der Schwalbenwurzenzian haben hier überlebt. Klar, auch der Fachwelt ist die Bedeutung dieses Naturschutzgebietes bekannt. So begegnet man im Wald regelmäßig angehenden Förstern der Forstschule Rottenburg. »Ahnenforschung« heißt das in der Fachsprache.

Das Hofgut Elchenreute hat sich inzwischen zu einer Erlebnisgastronomie gemausert. Zwar passt die bayrisch eingerichtete Gaststätte nicht ganz ins oberschwäbische Bild, wird aber aufgrund der vielfältigen Angebote und Veranstaltungen gut angenommen.

Schussenrieder – Brauerei,
Bierkrugmuseum, Gaststätte
Wilhelm-Schussen-Strasse 12
88427 Bad Schussenried
07583 4040
www.schussenrieder.de

Tourist-Information Bad Schussenried
Wilhelm-Schussen-Straße 36
88427 Bad Schussenried
07583 9401170
www.bad-schussenried.de

14 Trinkkultur aus fünf Jahrhunderten
Bad Schussenried – Bierkrugmuseum und Erlebnisbrauerei

Kein Ort ist wie der andere. Und schon gar nicht in Oberschwaben. Dazu passt auch Bad Schussenried mit seinen vielen Besonderheiten. Das kleine Klosterstädtchen an der Oberschwäbischen Barockstraße, das 1966 zum Bad wurde und sich jüngstes Moorbad Oberschwabens nennen darf, ist in vielerlei Hinsicht anders. Auch außerhalb der Klostermauern. Da verwundert es nicht, dass es in die Cittàslow aufgenommen wurde, eine internationale Vereinigung besonders lebenswerter Städte.

»Sammler sind glückliche Menschen.« Dies könnte man auch als Lebensmotto des Brauereibesitzers Jürgen Ott bezeichnen. Sein Bierkrugmuseum, das erste seiner Art in Deutschland, erinnert an die jahrhundertealte Tradition des Biertrinkens. Mittlerweile sind über 1.000 solcher Krüge in Bad Schussenried ausgestellt. Gefertigt aus den unterschiedlichsten Materialen wie Steinzeug, Fayence, Glas, Zinn, Silber, Kupfer, Leder oder Holz. Die meisten Krüge sind äußerst wertvoll und einige von ihnen hat Jürgen Ott sogar aus dem fernen Amerika nach Deutschland geholt. Werte wie Heimat, Tradition und Bodenständigkeit liegen ihm am Herzen. Das will er den Menschen vermitteln. Und deshalb hat er den Begriff »Erlebnisbrauerei« geprägt. Inzwischen ist aus dem Bierbrauer auch ein Kulturunternehmer geworden. Im Bierkrugstadel finden ganzjährig Veranstaltungen statt. Von Kabarett und Volkstheater bis hin zur Volksmusik. Viele Feste in Bad Schussenried gehen auf Jürgen Ott zurück: Beispielsweise der Josefstag, der bis zum Jahr 1965 offizieller Feiertag im katholischen Oberschwaben war. Da passt es gut, dass am Rande von Bad Schussenried ein Museumsdorf liegt, das an längst vergangene Zeiten erinnert: das Kreisfreilichtmuseum Kürnbach. Unglaublich ist dabei, dass nur eines der über 30 historischen Bauernhäuser tatsächlich an seinem originalen Platz steht. Das Kürnbachhaus von 1664. Und die anderen? Die wurden in einzelne Wand- und Deckenteile zerlegt, nach Kürnbach transportiert und dort originalgetreu wieder aufgebaut.

Im historischen Gewölbekeller des ehemaligen Oberen Brauhauses steht die private Kutschensammlung des Franz Mayerföls. Zu besichtigen sind die mehr als 50 Fahrzeuge nach telefonischer Vereinbarung (07583 2259).

Federseemuseum
August Gröber Platz
88422 Bad Buchau
07582 8350
www.federseemuseum.de

15 Auf den Spuren der Steinzeitmenschen
Bad Buchau – Federseemuseum

Mal ganz ehrlich. Das Ganze erinnert ein bisschen an eine der vielen Realityshows im Fernsehen. Oder würden Ihre Kinder freiwillig die Sommerferien als Steinzeitmenschen verbringen – ganz ohne Tablet oder Smartphone? Im Federseemuseum bei Bad Buchau gehört das zum Konzept und hat nichts mit Sensationshascherei zu tun. Lebendige Archäologie nennt man das. Spüren, wie die Menschen vor bis zu 14.000 Jahren hier gelebt haben. Eintauchen in eine vergangene Welt.

Seit der Steinzeit haben Menschen immer wieder die Ufer des Federsees aufgesucht, haben hier ihre Zelte, Hütten und später auch mit Palisaden befestigte Dörfer errichtet. Jäger und Sammler, Fischer, Bauern – alle haben von der reichen Tier- und Pflanzenwelt profitiert. Archäologen und Naturwissenschaftler klären in interdisziplinärer Zusammenarbeit Fragen zur Umwelt in prähistorischer Zeit und zum Einfluss des Menschen auf den Naturraum. Die bisherige Bilanz ist beeindruckend: Fast 20 stein- und bronzezeitliche Siedlungen, rund 200 Hausgrundrisse, 40 Einbäume, 6 Radfunde sowie unzählige Einzelfunde erweitern unser Wissen um das prähistorische Siedlungswesen und liefern hervorragende Beispiele für den vorgeschichtlichen Hausbau. Schon deshalb darf sich das Federseemuseum zu Recht Archäopark nennen. Seit Juni 2011 zählen die archäologischen Fundstellen um den Federsee auch zum UNESCO-Weltkulturerbe, und zwar im Rahmen der »Prähistorischen Pfahlbauten rund um die Alpen«.

Ungeachtet der ständig drohenden Überschwemmungsgefahr wurden zwischen 4400 und 2700 v. Chr. im Niedermoor immer wieder Dörfer errichtet. Hausbau, Landwirtschaft und Fischfang, aber auch Holz- oder Geweihbearbeitung lassen sich anhand der Funde äußerst detailliert nachvollziehen. Dieses Wissen vermittelt der Archäopark mit einem vielfältigen und unterhaltsamen Programm für alle Steinzeitinteressierten: Von Alltagsinszenierungen in steinzeitlicher Kleidung bis zu Workshops zur Herstellung prähistorischer Werkzeuge. Vom Brotbacken im Lehmofen bis hin zum Einbaumfahren.

Ergänzen Sie den Museumsbesuch mit einem der archäologischen Moorlehrpfade im nördlichen und südlichen Ried. Ausgewählte Stationen informieren direkt an Fundorten über das Leben in prähistorischen Zeiten.

NABU-Naturschutzzentrum Federsee
Federseeweg 6
88422 Bad Buchau
07582 1566
www.nabu-federsee.de

Skulpturenfeld
88422 Oggelshausen

Der Beschilderung »Skulpturenfeld« bis
zum zwei Kilometer entfernten Wald-
parkplatz folgen. Ab hier erreichen Sie
den Skulpturenpark zu Fuß.

16 Lebensraum für bedrohte Tiere
Bad Buchau – Federsee

Der Federsee gehört zu den spektakulärsten Landschaften in Süddeutschland. Nicht nur, weil er das Prädikat Europareservat trägt und in das Naturschutzprogramm der Europäischen Union aufgenommen wurde. Er vermittelt eindrücklich, wie es vielleicht in ganz Oberschwaben ausgesehen haben mag, als sich die imposanten Alpengletscher vor etwa 20.000 Jahren zurückzogen und viele solcher Schmelzwasserseen hinterlassen haben. Die Wasserfläche indes umfasst lediglich anderthalb Quadratkilometer. Im Lauf der Jahrtausende ist der See immer mehr verlandet und wird eines Tages ganz verschwinden.

Es ist ein Ort der Ruhe. Ideal zum Spaziergengehen und zum Ausspannen. Dabei ist der eigentliche See aus der Ferne nur schwer auszumachen. Die Federseegemeinden sind, bis auf Tiefenbach, in einiger Distanz gelegen. Dazwischen befindet sich ein Gebiet aus verschiedensten Moorlandschaften und einem dichten Schilfwall, der das Gewässer umschließt. Einziger Zugang zum See ist der Federseesteg. Anderthalb Kilometer lang wurde er bereits 1911 erbaut. Er steht auf über 2.000 acht bis zehn Meter langen Pfählen. Am Ende befindet sich ein kleiner Aussichtsturm, der einlädt, mit dem Fernglas nach den zahlreichen Seebewohnern zu fahnden. Für 270 verschiedene Vogelarten bietet der Federsee Lebensraum und dient für viele davon als Brutstätte. Dieser Artenreichtum setzt sich in Flora und Fauna fort. Die Besucher dürfen auf keinen Fall die ausgewiesenen Pfade verlassen. Schon deshalb nicht, weil der Untergrund keineswegs fest ist. Die Erde gleicht einem Wackelpudding. Einbrüche mit Folgen sind nicht ausgeschlossen.

Das Naturschutzzentrum sorgt dafür, dass sich Natur und Mensch auf sinnvolle Weise begegnen. Mit frühmorgendlichen Wanderungen zum Vogelstimmenkonzert oder nächtlichen Fledermaus-Erkundungstouren. Im sogenannten Wackelwald werden durch leichte Kniebewegungen ganze Bäume in Bewegung versetzt und am Erlebnisteich erforschen Schulklassen mit Lupe und Mikroskop das Leben der kleinsten Seebewohner. Das Motto: Wer frühzeitig Wissen über und Verständnis für die Natur sammelt, wird sie später auch mit Respekt behandeln.

Im Steinskulpturenpark von Oggelshausen haben internationale Künstler versucht, Landschaft und Kunstwerke miteinander in Einklang zu bringen. Ein Kunstgenuss in großartiger Umgebung.

Bachritterburg Kanzach
Riedlingerstraße 12
88422 Kanzach
07582 930440
www.bachritterburg.de

Katholische Kirche St. Peter & Paul
Kirchstraße 42
88422 Bad Buchau

17 Lebendiges Mittelalter
Kanzach – Bachritterburg

Jahrelang beobachteten Autofahrer auf der Straße zwischen Riedlingen und Bad Buchau neugierig, was am Ortsanfang von Kanzach gebaut wurde. Was mit einem hölzernen Turm begann, entwickelte sich zur stattlichen Anlage mit mehreren Gebäuden. Die Bachritterburg zu Kanzach. Im geografischen Dreieck mit der keltischen Heuneburg und dem steinzeitlichen Federseemuseum lebt hier das Mittelalter auf. Die Bachritterburg ist längst kein Geheimtipp mehr in Oberschwaben und entwickelt sich immer mehr zum Anziehungspunkt für Schulklassen und Touristen.

Die Burg steht zwar nicht an ihrem ursprünglichen Ort auf dem Schlösslesberg, gegeben hat es sie aber trotzdem. Die Besitzer waren im 13. Jahrhundert die Herren von Pflummern mit dem Beinamen Bachritter. Dass es sich um keine hohen Adligen handelte, zeigt schon die Bauweise aus Holz. Aber genau darum geht es in Kanzach. Wie war das Leben der einfachen Leute fernab jeglicher Mittelalter-Romantik? Der Bauleiter des Steinzeitdorfes am Federsee begeisterte im Jahr 1998 mit seiner Idee, erstmals solch eine Niederadelsburg zu rekonstruieren, den Gemeinderat von Kanzach und vor allem den damaligen Bürgermeister Rudolf Obert. Bereits kurze Zeit später nahm das Projekt Gestalt an. Zwar mit Kompromissen, aber durchaus mit wissenschaftlichem Fundament entstand sozusagen eine Mittelalter-Erlebniswelt. Das ganze Jahr über ist etwas los bei den Bachrittern. Handwerker, Bogenbauer und -schützen, Falkner und viele mehr zeigen ihre Künste. Sowohl die Bachrittertage als auch die Falknervorführungen sind beliebte und gut besuchte Veranstaltungen. Aber auch so zeigt sich bestens, wie es in einer Niederadelburg aussah. Der Turm war Wachturm und Wohnhaus zugleich. Die Verhältnisse in Turmküche, Stube und Schlafraum waren bescheiden. Zur Vorburg gehörten ein Wohnstallhaus, ein Pferdestall, der Schmiedeschuppen und ein Brunnen. Umgeben von einem Palisadenzaun und einem Wassergraben. Die Kanzacher Burg hat nur etwa 150 Jahre überdauert. Erzürnte Bürger setzten sie in Brand. Allerdings hatten da die Bachritter ihren Besitz längst an andere Herren abgegeben.

Auf dem Weg von Kanzach nach Bad Buchau findet sich im Teilort Kappel ein seltenes Zeugnis frühester Kirchengeschichte. Die Wandfresken aus der Zeit um 1150 zeigen Christus umgeben von den Aposteln, König David und dem Erzengel Gabriel.

Jochen Schmid 47

Hotel Kleber Post
Poststraße 1
88348 Bad Saulgau
07581 5010
www.kleberpost.de

18 Ein Traditionshaus erwacht aus dem Dornröschenschlaf

Bad Saulgau – Hotel Kleber Post

Lange Jahre war das Schicksal der Kleber Post in Bad Saulgau ungewiss. Mit der Stadt als Träger konnte das Hotel nicht an seine alten, ruhmreichen Tage, da es als erste Adresse in Oberschwaben galt, heranreichen. Der historische Teil der Kleber Post existiert heute nicht mehr. Aber seitdem Christine und Egon-Michael Durach das Zepter in die Hand genommen haben, ist der ehemalige Gourmettempel zu neuem Leben erwacht.

Ursprünglich war die Kleber Post seit dem 17. Jahrhundert eine Postmeisterei. Viele Durchreisende machten hier Station zum Pferdewechseln. Im übertragenen Sinn war dies auch das Motto der Familie Kleber. 188 Jahre lang war das Restaurant in ihrem Besitz und reifte zur kulinarisch besten Adresse in ganz Oberschwaben. Viele Prominente, auch Helmut Kohl und François Mitterrand, waren hier zu Gast. Der luxuriöse Hotelanbau aus dem Jahr 1995 bedeutete zugleich das Aus für Familie Kleber. 2001 gab sie auf. Doch trotz des finanziellen Ruins blieb der Ruf einer außergewöhnlichen Gastronomendynastie. Ein Erbe, das verpflichtet. Das wusste auch Egon-Michael Durach, war er doch selbst einer der ausgezeichneten Kleber-Post-Köche. Vielleicht hat ihn das sogar dazu bewogen, das zum *garni* heruntergekommene Hotel zu übernehmen. Dass er das Zeug dazu hat, konnte er 15 Jahre lang im Bad Saulgauer Restaurant Vinum unter Beweis stellen.

Nach aufwendiger Renovierung und Umbauten erstrahlt die Post unter seiner Regie in neuem Glanz. Die über 50 Hotelzimmer und der Service werden wieder dem Ruf eines Vier-Sterne-Hotels gerecht. Und die Küche lässt Gourmetherzen wieder höher schlagen. Seit seiner Jugend stand für Egon-Michael Durach seine Berufung zum Koch fest. Seine Stationen können sich sehen lassen: Hamburg, Schweiz und Paris. Er war Küchenchef in der Sommerresidenz des französischen Präsidenten Mitterrand. Kein Wunder, dass sich die Gäste an einer reizvollen Begegnung aus traditioneller heimischer Küche mit internationalem, avantgardistischem Flair erfreuen können.

Wirklich wichtig ist dem gebürtigen Allgäuer seine Kochwerkstatt, in der er Einblick in seine Kochkünste gewährt. Aber Achtung: Die Termine sind teilweise ein Jahr im Voraus ausgebucht.

Kloster Sießen
Kloster Siessen 3
88348 Bad Saulgau
Information zu Führungen unter
07581 800
www.klostersiessen.de

**Pferdepension und
Hopfendarre Längle**
Mühlbachweg 5
88348 Fulgenstadt
07581 537759
www.pferdepension-hopfendarre.de

19 Weltberühmte Figuren aus Porzellan
Bad Saulgau – Kloster Sießen und Fulgenstadt

Unter den berühmten oberschwäbischen Barockbauten taucht das Kloster Sießen bei Bad Saulgau nur selten auf. Zu Unrecht. Denn ein Blick in die Barockkirche beweist das Gegenteil. Der Priorin des Dominikanerklosters gelang beim Neubau des Klosters im 18. Jahrhundert ein Glücksgriff. Sie verpflichtete die Brüder Dominikus und Johann Baptist Zimmermann. Beide lieferten hier sozusagen ihr Gesellenstück ab, bevor sie dann auf Empfehlung die »schönste Dorfkirche der Welt« in Steinhausen errichten durften.

Aber es gibt noch einen guten Grund, den Klosterfrauen von Sießen einen Besuch abzustatten. Genauer gesagt, geht es um Schwester Maria Innocentia Berta Hummel. Ihren Zeichnungen verdanken wir die weltberühmten Sammlerstücke, die in der W. Goebel Porzellanfabrik in Rödental entstanden sind. Die Rede ist von den Hummelkindern. Diesen unschuldig dreinschauenden Kindergesichtern. Eigentlich hätte Schwester Berta ein Künstlerleben führen sollen. Die Eltern schickten sie nach München zum Kunststudium. Doch statt der Künstlerlaufbahn folgte sie ihrem Ruf ins Franziskanerinnenkloster nach Sießen. Hier fand sie einen anderen Zugang zur Kunst. Ihre Hummelkinder wurden weltberühmt. Leider verstarb sie viel zu früh im Alter von nur 37 Jahren.

Nicht weit vom Kloster Sießen liegt die zu Bad Saulgau gehörende Ortschaft Fulgenstadt. Hier lebt eine bemerkenswerte Frau. Helga Längle führt mit ihrem Sohn Franz eine Pferdepension. Das Anwesen ist ein richtiges Schatzkästchen. Besonders stolz sind die Längles auf ihr Mühlrad, denn ihr Hof war früher die Dorfmühle. Helga Längles Reich ist aber die alte Hopfendarre. Und die ist weithin in Oberschwaben bekannt. Der liebevoll eingerichtete Dorfstadl ist die beste Kulisse für allerlei Musik- und Kleinkunstveranstaltungen. Umgeben von einem idyllischen Garten und Pferdekoppeln lässt es sich wunderbar feiern bei der herzlichen Frau aus Oberschwaben.

Ferien auf dem Bauernhof – ideal in Oberschwaben. Zum Beispiel bei Familie Dreher in Lampertsweiler. Ein Vorzeigehof mit Melkroboter, Biogasanlage, Hofladen und Hofcafé. Als Zugabe gibt's den grandiosen Blick auf die Alpen (www.drehers-erlebnishof.de).

Berg Bussen
Straße Zum Bussen
88524 Uttenweiler-Offingen

Tourist-Information im
Rathaus Uttenweiler
Hauptstraße 14
88524 Uttenweiler
07374 920619
www.uttenweiler.de

20 Auf Oberschwabens heiligem Berg
Uttenweiler – Bussen

Er ist ein Mythos und den Oberschwaben heilig – der Bussen. Mit 767 Metern schon von weiter Ferne her sichtbar mit seiner Kirche und dem darunter liegenden Ort Offingen. Eine Deutung des Begriffes Oberschwaben besagt, es sei das Land, das vom Bussen aus gesehen werden kann. Und in der Tat, der Blick ist atemberaubend. Der Federsee und das ganze Gebiet bis hin zum Bodensee und den Alpen liegen dem Betrachter majestätisch zu Füßen. Seine Bedeutung für die Einheimischen rührt aber nicht von der genialen Fernsicht her. Denn viele Geschichten und Sagen ranken sich um diese Erhebung.

Egal mit welchem Anliegen die Menschen auch immer hierherkommen, eines werden wir auf keinen Fall bestreiten können: Alle gehen verändert den Berg wieder hinunter. Auf wundersame Weise gestärkt. Als ob eine »heilige Kraft« in ihnen gewirkt hätte. Diese Erkenntnis stammt von dem einstigen Gemeindepfarrer Albert Menrad. Er weiß um die Veränderungen, die der Berg in den Herzen der Menschen bewirkt. Die Bussen-Kirche ist ein mystischer Ort mit einer jahrhundertelangen Wallfahrtstradition. Der Bussen war vermutlich schon für die Kelten ein Heiligtum. Wesentlich später, nämlich zu Zeiten Karls des Großen, stand eine Burg auf dem Bussen, von der heute noch die Überreste zu sehen sind. Hier lebte Gerold, Herzog von Schwaben. Seine Schwester Hildegard war die dritte Gemahlin des mächtigen Kaisers, der selbst schon an diesem Ort gewesen sein soll.

Es sind viele solcher Sagen und Geschichten um den Berg im Umlauf. Dass er auch Kindlesberg genannt wird, hat seinen Grund. Angeblich soll der Kinderwunsch mit einem Besuch auf dem Bussen in Erfüllung gehen. So pilgert jedes Jahr am Pfingstmontag das maskuline Geschlecht zur sogenannten Männerwallfahrt auf den Berg. Bekommt ein Oberschwabe Nachwuchs, wird deshalb sofort gefragt: »Warscht auf dem Bussen?«

Unterhalb des Bussen lädt das Bussenstüble zur Einkehr ein. Klassiker, Vesper und hausgemachte Kuchen werden in ungezwungener Atmosphäre serviert (www.bussenstueble.de).

Kloster Obermarchtal
Klosteranlage 2
89611 Obermarchtal
07375 95050
kloster-obermarchtal.de

Blank's Brauerei und Gasthof
Von-Speth-Straße 19
88499 Zwiefaltendorf
07373 643
www.brauerei-blank.de

21 Barocke Pracht und wilde Flusslandschaft

Obermarchtal – Kloster Obermarchtal und Umgebung

Der Weg hinauf zum Bergfried lohnt sich. Schon deshalb, weil man auf gleicher Höhe zum Turm der Kapelle St. Georg steht. Eine ungewöhnliche Perspektive. Wir wagen den Blick hinunter und entdecken eine Perle im Donautal: Rechtenstein. Die Burg hoch über dem kleinen Ort gehörte einstmals den Herren vom Stain, die auch die barocke Wallfahrtskirche errichten ließen. Schon deshalb bietet Rechtenstein vom Talgrund aus gesehen eine echte Postkartenansicht.

Ungewöhnliche Blickwinkel finden sich hier also genug. Gleich oberhalb der Donaubrücke gibt es eine kleine Höhle, die auch Geisterhöhle genannt wird. Die Aussicht auf die Donau ist grandios. Im Innern gab es allerhand Funde vom Höhlenbären bis hin zum Rentier. Eine menschliche Nutzung kann ab der Römerzeit nachgewiesen werden.

Auf jeden Fall führt unser Weg im Tal weiter Richtung Osten. Nach einigen Kilometern erreichen wir ein Wehr unterhalb des Klosters Obermarchtal. Eine wildromantische Stelle des Flusslaufs, die ihresgleichen sucht. Oberhalb des Tals gehört ein Besuch der imposanten barocken Klosteranlage zum Pflichtprogramm. Die einzige baulich in sich geschlossene und komplett vollendete in Oberschwaben. Sehenswert sind die Klosterkirche mit der Orgel des berühmten Meisters Johann Nepomuk Holzhey, der Kapitelsaal, in dem die Äbte gewählt wurden, oder das Refektorium, der Speisesaal des Klosters. Mönche gibt es aber mittlerweile keine mehr. Denn heute dient Obermarchtal als Tagungsstätte und Veranstaltungsort der Diözese Rottenburg-Stuttgart. In Gedenken an den berühmtesten Sohn Obermarchtals finden jährlich die Sebastian-Sailer-Tage statt. Der Dichterpfarrer hat in seinem Stück *Die schwäbische Schöpfung* die biblische Schöpfungsgeschichte in die Welt oberschwäbischer Bauern verlegt. Zum Schluss führt uns ein Geheimtipp in der Nähe des Klosters dann doch wieder hinunter zur Donau. MuM bedeutet kurz: Maschinen unterm Münster. Das alte Donauwasserkraftwerk gibt Einblick in die Geschichte dieser alternativen Energiegewinnung.

In der kleinen Bierbrauerei Blank in Zwiefaltendorf reift das Bier in der eigenen Tropfsteinhöhle. Der edle Gerstensaft kann nur in der dazugehörenden Brauereigaststätte genossen werden.

Krippenmuseum Oberstadion
Kirchplatz 5/1
89613 Oberstadion
Auskunft Bürgermeisteramt:
0152 24842830
krippen-museum.de

22 Das ganze Jahr Weihnachten
Oberstadion – Krippenmuseum

Wer durch Oberschwaben reist, muss sich wie im Himmel fühlen. Dafür sorgen schon die vielen himmlischen Ortsnamen: Bethlehem, Ewigkeit, Amen. Bei Oberstadion denken wir eher an etwas anderes. Doch weit gefehlt. Denn auch dieser kleine Ort reiht sich mühelos in diesen paradiesisch anmutenden Landstrich ein.

Dass Oberstadion sogar zu den schönsten Dörfern im Land zählt, wurde mittlerweile offiziell bestätigt: Mit der 2003 erhaltenen Auszeichnung »Unser Dorf soll schöner werden – unser Dorf hat Zukunft«. Aber vermutlich war dieser Umstand auch schon lange vorher bekannt. Und vermutlich hat dies bereits ein Mann gewusst, der hier von 1816 bis 1827 gelebt hat – Pfarrer Christoph von Schmid, ein in seiner Zeit weit bekannter Jugendschriftsteller, dessen Werke in viele Sprachen übersetzt wurden. Und er war vor allem der Verfasser eines Liedes, das auch heute noch zu Weihnachten gehört und an Heiligabend fast überall gesungen wird: *Ihr Kinderlein kommet*. Ob er es in Oberstadion geschrieben hat? Zumindest hatte er hier seine erste Pfarrstelle, die er immerhin elf Jahre lang bekleidete. Die kleine Ausstellung über den Geistlichen im Rathaus ist aber nur einer der Gründe, weshalb viele Menschen das ganze Jahr über nach Oberstadion pilgern. Ein anderer ist vor allem die großartige Krippenausstellung in der Pfarrscheuer. Zeit sollte man hier mitbringen, denn es gibt viel zu sehen. Krippen aus Deutschland, Österreich und Italien. Für Kenner sind echte Schätze darunter. Etwa das letzte Abendmahl mit Figuren der italienischen Keramikkünstlerin Angelika Tripi. Die Ausstellung gibt es das ganze Jahr über, im Gegensatz zu einem Brauch, der erst seit Kurzem in Oberstadion heimisch geworden und doch schon weit über die Grenzen des Ortes hinaus bekannt ist: das Schmücken des Osterbrunnens. Verwunderlich ist das nicht. Denn immerhin schrieb Pfarrer Schmid während seiner Zeit in Oberstadion auch den Roman *Die Ostereier*.

Übrigens: Der Name Oberstadion hat nichts mit der Sportliebe seiner Bürger zu tun, sondern ist auf das Adelsgeschlecht von Stadion zurückzuführen.

Kloster Ochsenhausen
Schlossbezirk 6
88416 Ochsenhausen
www.kloster-ochsenhausen.de

Tourist-Information Ochsenhausen
Marktplatz 1
88416 Ochsenhausen
07352 922026
www.ochsenhausen.de

23 Barocke Sternwarte mit einem Azimutalquadranten

Ochsenhausen – Kloster Ochsenhausen

Durch die Gänge des altehrwürdigen Benediktinerklosters zu Ochsenhausen schallen heute musikalische Klänge. In den Räumen wird fleißig geübt und musiziert. Seit 1988 ist die Landesakademie für die musizierende Jugend in Baden-Württemberg im ehemaligen Klostergebäude untergebracht. Eine Institution, die hierzulande ihresgleichen sucht. Die Teilnehmer kommen aus ganz Deutschland, ja sogar aus ganz Europa. Sie suchen vor allem Ruhe und Muße für ihre Kunst. Und dazu bietet dieser Ort wahrlich ideale Bedingungen.

Gut 700 Jahre haben die Benediktinermönche das Leben von Ochsenhausen bestimmt. Gegründet wurde das Kloster im 11. Jahrhundert – sozusagen als Filiale von St. Blasien im Schwarzwald –, ehe es dann zur eigenständigen Abtei, gar zur Reichsabtei, emporwuchs. Dass nun eine erstklassige musikalische Bildungseinrichtung im Kloster untergebracht ist, würde die Mönche sicherlich hoch erfreuen. Denn in der Klosterkirche ist das Gesellenstück des Ochsenhausener Orgelbaumeisters Joseph Gabler zu bestaunen. Mit 3.333 Pfeifen genau halb so groß wie sein späteres Meisterwerk in Weingarten. Ein weiteres Zeugnis für das auf Wissenschaft und Kunst ausgerichtete Leben der Benediktinermönche ist die berühmte barocke Sternwarte mit drehbarer Kuppel auf dem Dachboden des Klosters. Sie war Kind des naturwissenschaftlich gebildeten Paters Basilius Perger. Dass sie rege in Betrieb war, beweist die fünf Jahre später erfolgte Nachrüstung mit einem sogenannten Azimutalquadranten von drei Metern Durchmesser. Übersetzt bedeutet dies, dass das Fernrohr jetzt um 360 Grad in alle Himmelsrichtungen gedreht werden konnte.

Wahre Meisterleistungen vollbrachten die Mönche auch im Bewässern ihrer Anlage. Sie legten seit dem 15. Jahrhundert ein natürliches Kanalisationssystem an, das bestens durchdacht den Klostergarten, das Kloster und die Ortschaft Ochsenhausen mit Wasser versorgte. Heute erfreut dieser Krumbach vor allem die vielen Besucher und Spaziergänger, zumal ein Lehrpfad die mathematisch genau berechnete Nutzung dieses Wassersystems erklärt.

Besuchen Sie im Mai das Musikfestival *Schwäbischer Frühling* mit renommierten Künstlern.

Öchsle-Bahn
Auskunft/Buchung:
Tourist-Information Ochsenhausen
Marktplatz 1
88416 Ochsenhausen
07352 922026
www.ochsenhausen.de
www.oechsle-bahn.de

Museum der Waschfrauen
Bahnhof (Nebengebäude)
88416 Ochsenhausen
07352 7559
www.waschfrauen.de

24 Mit dem Öchsle durch Oberschwaben
Von Ochsenhausen nach Warthausen – Öchsle-Bahn

Wenn in Oberschwaben die Rede vom Öchsle ist, weiß jedermann sofort, was gemeint ist. Es hat nichts mit Wein zu tun oder gar mit einem wahrhaftigen Ochsen. Obwohl es schnaubend daherkommt und die meisten Passanten in Staunen versetzt. Das Öchsle ist die historische Dampfeisenbahn, die sich während der Sommermonate als Touristenattraktion von Ochsenhausen nach Warthausen bei Biberach auf einer 19 Kilometer langen Strecke bewegt.

Eine Stunde dauert die Reise mitten durch löwenzahngelbe Felder. Vorbei an unzähligen Barockkirchen. Das Öchsle ist heute die letzte erhaltene von ehemals fünf Königlich Württembergischen Schmalspurbahnen. Von 1899 bis 1983 war sie in Betrieb, bis die Konkurrenz auf der Straße einfach zu groß wurde. Glücklicherweise erkannte man, um welch erhaltenswertes Gut es sich dabei handelte. Die Anliegergemeinden, der Landkreis und die Kreissparkasse Biberach gründeten eine Aktiengesellschaft zur Rettung und Wiederinbetriebnahme des Öchsles als Museumsbahn. Zwar versprach die Aktie nur eine Rendite in Form einer Ermäßigung auf den Fahrpreis, doch die Nachfrage war so groß, dass es heute immerhin rund 1.350 Anleger in aller Welt gibt.

Als ob eine Reise mit dem altehrwürdigen Öchsle nicht schon genug Nostalgie besäße, wartet in Ochsenhausen ein sehr ungewöhnliches Museum zur Geschichte der Hauswirtschaft. Es lädt ein zu einer Zeitreise in die Vergangenheit, als es noch keine Waschmaschinen gab. Die gesammelten und liebevoll ausgestellten Stücke stammen von den Ochsenhausener Waschfrauen. Eine eingeschworene Frauengemeinschaft, die sich 1993 anlässlich der 900-Jahr-Feier der Stadt gebildet hat. Ihr Auftritt sorgte für so viel Furore, dass es nicht bei dem einen Auftritt blieb. Die Waschfrauen richteten das Museum ein und sind seither gern gesehene Gäste bei verschiedenen Gelegenheiten in ganz Oberschwaben. Gekleidet wie anno dazumal zeigen sie dem Publikum, wie beschwerlich der häusliche Waschvorgang früher war und welche Gerätschaften dazu im Einsatz waren. Unterhaltsamer Höhepunkt bei ihrem Auftritt ist der Waschfrauen-Tanz.

Höhepunkt im Stadtleben von Ochsenhausen ist das alljährliche Öchslefest. Mitte Juni präsentiert sich die Stadt ein Wochenende lang in Feierlaune. Mit dabei sind natürlich auch die Waschfrauen von Ochsenhausen.

Planetarium und Sternwarte
Milchstraße 1
88471 Laupheim
07392 91059
www.planetarium-laupheim.de

Schloss Großlaupheim
Museum zur Geschichte von Christen
und Juden
Claus-Graf-Stauffenberg-Straße 15
88471 Laupheim
07392 968000
www.museum-laupheim.de

25 Hollywood lässt grüßen
Laupheim – Schloss Großlaupheim und Sternwarte

Ohne das oberschwäbische Laupheim hätte es Hollywood so nie gegeben. Könnte man behaupten. Denn in der Tat war die Stadt vor dem Nationalsozialismus eine der größten jüdischen Gemeinden im Königreich Württemberg. Im Schloss Großlaupheim widmet sich eine wirklich sehenswerte Ausstellung dem Miteinander von Christen und Juden, das auch zum wirtschaftlichen Aufschwung der Stadt geführt hat. Aber was hat dies mit der amerikanischen Traumfabrik Hollywood zu tun? Ganz einfach. Der wohl bekannteste Laupheimer war der Jude Carl Laemmle. Filmpionier und Begründer der Universal Studios in Hollywood.

Carl Laemmle wusste, wie schön es in Oberschwaben ist. Das liegt auf der Hand, denn seiner Heimat ist er zeitlebens treu geblieben und hat trotz seines kometenhaften Aufstiegs immer wieder Soziales und Gutes in Laupheim gefördert. Als 17-Jährigen zog es ihn wie viele andere nach Amerika. Aber erst mit 39 Jahren entdeckte er seine Liebe zum Kino. 1913 ließ er in einem Tal bei Los Angeles die Filmstadt Universal City bauen. Aus einer verschlafenen Kleinstadt im Westen der USA wurde die bedeutendste Filmmetropole der Welt: Hollywood. Carl Laemmle produzierte über 9.000 Filme und wurde zu einem der ganz großen Filmbosse seiner Zeit. Im Schloss Großlaupheim widmet sich ein Teil der Ausstellung diesem großen Sohn der Stadt.

Als visionär gilt noch eine andere Einrichtung. Eine Sternwarte und ein Planetarium unter einem Dach. Dies ist eine Besonderheit und ermöglicht es, das Naturerlebnis des echten Firmaments mit allgemein verständlichen und unterhaltsamen Multimediashows mit Zeiss-Sternenprojektor sowie digitaler 360-Grad-Videoanlage zu verknüpfen. Im Sommer werden die Teleskope mit Spezialfiltern auf unsere Sonne gerichtet. Der fünf Kilometer lange Planetenweg mit elf Infostationen startet und endet am Planetarium.

Besuchen Sie im Juni den Rosenmarkt rund um das Schloss Großlaupheim. Über 80 Aussteller zeigen alles, was im weitesten Sinne mit der Königin der Blumen zu tun hat.

Tourist-Information Ulm
Münsterplatz 50
89073 Ulm
0731 1612830
www.tourismus.ulm.de

26 Bauwerke von monumentaler Größe
Ulm – die Münsterstadt

Immer am Schwörmontag im Juli herrscht Ausnahmezustand in Ulm. Beim sogenannten *Nabada* stürzen sich Wagemutige mit ihren aufwendig gebastelten Wasserfahrzeugen die noch recht kühle Donau hinunter. Ein echtes Spektakel. Tausende von Schaulustigen säumen die Ufer links und rechts des Flusses. Dann sind die beiden Ulms vereint. Seit dem Jahr 1810 teilt die Donau nicht nur die Stadt in Ulm und Neu-Ulm, sondern bildet auch die Landesgrenze zwischen Württemberg und Bayern.

Das baden-württembergische Ulm gehört mit über 120.000 Einwohnern zu den neun Großstädten im Land. Trotz der Zerstörung im Krieg hat es sich seinen Charme aus Alt und Neu bewahrt. Die »kleine« Großstadt hat viel zu bieten: Kinos, Theater, Konzerte, Kunst, Museen und eine Universität. Viele Persönlichkeiten stammen aus Ulm oder haben hier gewirkt: Albert Einstein, Hans und Sophie Scholl, Otl Aicher, Hildegard Knef, Harald Schmidt – die Liste ist lang und es würde den Rahmen sprengen, sie alle aufzuzählen.

Ein Bauwerk der Superlative hat Ulm in aller Welt bekannt gemacht. Um es zu besichtigen, braucht man vor allem eine gute Kondition. 768 Stufen führen hinauf in 142 Meter Höhe und garantieren einen fantastischen Blick auf die Stadt. Das Ulmer Münster ist mit 161,53 Metern bis zur obersten Spitze nach wie vor der höchste Kirchturm der Welt. Mehrere Hundert Jahre wurde an dem Großprojekt gearbeitet, das allein die Ulmer Bürger finanziert haben. Begonnen wurde mit dem Sakralbau im 14. Jahrhundert, weil die eigentliche Stadtkirche außerhalb der Stadtbefestigung lag. 1890 schließlich konnte er nach langer Unterbrechung fertiggestellt werden. Sticht einem der Turm des Ulmer Münsters bereits aus weiter Ferne ins Auge, so muss man bei einem weiteren historischen Bauprojekt von ungeheurer Größe schon genauer hinsehen: die Bundesfestung Ulm. Vor gut 150 Jahren als damals größte Festungsanlage Deutschlands gebaut, umschließt sie fast die gesamte Ulmer Innenstadt. Gut erhalten sind vor allem die monumentale Wilhelmsburg auf dem Michaelsberg und das Fort Oberer Kuhberg.

Ein Besuch der Festungsanlagen lohnt sich. Der Förderkreis Bundesfestung Ulm e. V. bietet regelmäßig Führungen an.

Schwäbische Alb

Blautopf Blaubeuren
Blautopfstraße
89143 Blaubeuren
www.blautopf.de

**Urgeschichtliches Museum
Blaubeuren**
Kirchplatz 10
89143 Blaubeuren
07344 9669916
www.urmu.de

27 Im Märchenreich der »Schönen Lau«
Blaubeuren – Blautopf

Der Lockruf der Schönen Lau hat Blaubeuren zum touristischen Mekka der Schwäbischen Alb gemacht. An Deutschlands berühmtester Karstquelle muss man gewesen sein. Die Wunderwelt der steinernen Kalkpaläste im Blauhöhlensystem ist zwar nur Tauchspezialisten vorbehalten. Doch allein der Blick in den blaugrün schillernden Quelltopf, aus dessen Tiefen unerschöpfliche Wassermengen dringen, beflügelt die Fantasie.

Der schwäbische Dichterpfarrer Eduard Mörike hat dem Blautopf mit dem Märchen *Historie von der schönen Lau* zu zeitlosem Ruhm verholfen. Und die spektakulären Tauchexpeditionen des Höhlentauchers Jochen Hasenmayer und seiner Mitstreiter ergänzten die Vermutungen einer sagenhaften Unterwelt auf wundersame Weise. Seit die ersten Höhlentaucher 1957 systematisch in 21 Metern Tiefe den Quelltopf ergründeten und durch den Eingang der Blautopfhöhle in das Höhlensystem eindringen konnten, wurde die Großartigkeit dieser Unterwelt im Detail erschlossen. Meter für Meter kämpften sich die Experten durch Wasseradern und Kalkgestein. Versahen ihre großartigen Entdeckungen mit so romantischen Begriffen wie Mörike- oder Äonendom, Wolkenschloss, Apokalypse, Halle des verlorenen Flusses oder Stairway to Heaven. Das Märchenreich der Lau wurde so naturwissenschaftliche Realität. Als im Jahr 2002 in Grabenstetten sogar der Zugang »auf dem Landweg« in die strahlend weiße Säulenpracht der Vetterhöhle und vier Jahre später in die riesigen Hohlräume der Walhalla frei wurde, war die unterirdische Verbindung zur Blauhöhle geschaffen. Heute weiß man, dass sich das Blauhöhlensystem über mehrere Kilometer von Blaubeuren bis nach Laichingen zieht. Planungen, die einzigartige Unterwelt wenigstens teilweise der Öffentlichkeit zugänglich zu machen, lassen auf weitere spektakuläre touristische Glanzpunkte in der geologisch so reichhaltig gefüllten Schatzkiste des Alb-Donau-Raumes hoffen. Dem Mysterium Blautopf kann geologische Erkundung freilich nichts anhaben – sein Geheimnis verbleibt auf ewig in blauer Tiefe.

In Blaubeuren kann man die Höhlenwelten poetisch erleben, wandernd ergründen und wissenschaftlich fundiert erschließen. Am besten und nachhaltigsten im Urgeschichtlichen Museum, in dem auch die Venus von Schelklingen und andere zum UNESCO-Weltkulturerbe erhobene Schätze zu bestaunen sind.

Schloss Mochental
Galerie Ewald Karl Schrade
89584 Ehingen-Mochental
07375 418
www.galerie-schrade.de

Informationen zum
Pfarrhof Munderkingen
bietet die Stadt
Munderkingen
07393 5980
www.munderkingen.de

28 Lust auf Kunst im grünen Abseits
Ehingen – Schloss Mochental

»Moderne Kunst im barocken Schloss«. Der griffigen Formel auf dem Hinweisschild an der Magistrale ins Abseits zu folgen, lohnt sich. Das zauberhafte Ambiente einer architektonischen Preziose thront über dem Talgrund. Schloss Mochental ist eine echte Rarität. Ein Ausflugsziel für die ganze Familie, das man bestaunen und zugleich genussreich erleben kann.

Kunstwerke und Kehrbesen auf drei hochherrschaftlichen Etagen, kurios gepaart mit Kaffee und Kuchen auf der Schlossterrasse, machen das »Erlebnis Mochental« einmalig. Ob Kunstsammler und Galerist Ewald Karl Schrade jemals seine 365 Schlossfenster selbst gezählt hat? Oder die ständig wechselnde Anzahl an Exponaten von Künstlern der Gegenwart und der klassischen Moderne? Hinter jedem Kunstwerk, das der Sammler seit 1985 im sanierten und großzügig zur Kunstgalerie umfunktionierten einstigen Sommersitz der Äbte von Zwiefalten präsentiert, steckt eine ganz persönliche Geschichte. Das stilvolle Ergebnis: ein erfrischender Cocktail aus individueller Gestaltungskraft auf der Leinwand und großartiger Barockarchitektur des 18. Jahrhunderts. Nach einem ausgiebigen Rundgang kann man es im Schlosscafé nachklingen lassen und dabei mit Glück schon mal am persönlichen Gedankenaustausch zwischen Sammler und Künstler partizipieren. Die imposante Naturkulisse rundet alles zum beglückenden Ganzen.

Das »Erlebnis Mochental« wäre allerdings nicht komplett ohne eine Prise Hintersinn. Unterm Dach macht die älteste Sammlung von Kehrbesen aus aller Welt einem schwäbischen Kultobjekt die Aufwartung. Die Mischung ist sehenswert. Barockschloss, Kunst-Olymp und Hexenzauber? Das ist ganz im Sinne des Schlossherrn, der die prickelnde Kombination gegensätzlicher Reize mit einem Augenzwinkern serviert.

Oberschwäbischen Barock in seiner Hochblüte kann man auch in der nahe gelegenen einstigen vorderösterreichischen Stadt Munderkingen bewundern. Der schlossähnliche Pfarrhof über der Donau – 1706 als Gästehaus des Klosters Obermarchtal erbaut – ist ein verkleinertes Spiegelbild von Schloss Mochental.

Münster Unserer Lieben Frau
Beda-Sommerberger-Straße 3
88529 Zwiefalten

Blank's Brauerei
Von-Speth-Str. 19
88499 Zwiefaltendorf
07373 643
www.brauerei-blank.de

29 Göttliches in Kunst und Natur
Zwiefalten – Münster Unserer lieben Frau

Der Glanz des oberschwäbischen Barocks und der Zauber einer grandiosen Landschaft machen das Tal der »zwiefältigen Aach« zu einem »Herrgottswinkel«, der an Pracht und Ansehnlichkeit seinesgleichen sucht.

Das kunstvolle benediktinische Erbe Kloster Zwiefalten findet seine Entsprechung in beeindruckender Naturvielfalt auf der Zwiefalter Alb. Zwei wildromantische Quellflüsse gleichen Namens treffen unter dem lang gestreckten Rücken des Emerberges zusammen, um – nur wenige Kilometer durch ein liebliches Albtal mäandernd – in Zwiefaltendorf die Donau zu verstärken. Die beiden tief in den Jurakalk gegrabenen »Flussfalten« haben der Klostergemeinde den Namen gegeben. Ihre überregionale Bedeutung verdankt sie der mehr als tausendjährigen benediktinischen Geschichte und einem der schönsten und mächtigsten Prachtbauten des süddeutschen Hochbarock. Die zwei Jahrhunderte nach der Säkularisation mit Umwidmung des prächtigen Klosterkomplexes zum Psychiatrischen Landeskrankenhaus konnten dem stolzen Sakralzentrum nichts anhaben; das Zwiefalter Münster war, ist und bleibt als kulturelles Zentrum und Pilgerstätte das südliche Gegengewicht zu Reutlingen und hält so den sich quer über die ganze Breite der Alb spannenden Landkreis im Lot. Dass die Stiftung des Klosters auf die Grafen von Achalm zurückgeht, die anno 1089 dem ersten Zwiefalter Abt die Gründungsurkunde übergeben haben, begründet die »Reutlinger Präsenz mit oberschwäbischem Profil«.

Zwiefalten bietet Vielfältiges auf engstem Raum. Hier das Mekka andachtsvoller Volksfrömmigkeit unterm himmelhoch jauchzenden Barock eines Johann Michael Fischer, der seiner Nachwelt die schönsten Raumschöpfungen des süddeutschen Rokoko hinterlassen hat. Dort die derb-fröhliche Gemütlichkeit beim Zwiefalter Klosterbräu. Hier der Musikgenuss beim Münsterkonzert und dort die Waldesstille auf den Wanderpfaden. Hier das schweißtreibende Kreativseminar beim Steineklopfen im Gauinger Marmor- und Kalktuff-Steinbruch und dort die Fitnesskur bei der Heuernte oder beim Kartoffelbuddeln der Albhoftour.

Brauerei mit Tropfsteinhöhle. Im Nachbarort Zwiefaltendorf reift im Felsenkeller das Blank'sche Rössle-Bier.

Naturerlebnis Wimsener Höhle
72534 Hayingen-Wimsen
07373 915260
www.wimsen.de

Burg Derneck
Über der großen Lauter
72534 Hayingen
07386 217
burgderneck.albverein.eu

30 Das Spektakuläre Albwunder
Hayingen – Wimsener Höhle

Der Eingang zur Unterwasserwelt steht einladend offen für alle. Wenn das späte Frühjahr die vereisten Quelltobel der Zwiefalter Ach mit frischem Grün verzaubert, ist Wimsen gerüstet. Forellen, Wasseramseln und Höhlentaucher räumen den Fährbooten das Flussbett. Die historische Gastwirtschaft *Friedrichshöhle* beweist, dass sie sich das Prädikat »familienfreundlich« verdient hat, und die altehrwürdigen Mauern der Wimsener Mühle laden zu Ausstellungsbesuch und Kulturevent.

Der spätere König Friedrich I. setzte anno 1803 seinen Fuß höchstselbst in den Nachen, um die 70 befahrbaren Höhlenmeter zu erkunden. Zuvor haben bereits im Mittelalter die Zwiefalter Äbte, denen die erstaunliche Kapazität der Wimsener Getreidemühle verlässlich reichen Zehntgroschen einbrachte, ihre Vorzugsgäste zur Kahnfahrt eingeladen. Die Friedrichshöhle ist damit ein Vorreiter des Alb-Tourismus. Ein Naturwunder, dessen wahre Dimension freilich erst im Zeitalter technischer und wissenschaftlicher Höchstleistung erkundet wurde. Denn der Zugang zum Unterwasserlabyrinth ist ausschließlich versierten Höhlentauchern vorbehalten. Auf den Spuren des legendären Tauchforschers Jochen Hasenmayer leistet die Höhlenforschungsgruppe Kirchheim/Ostalb im Verbund mit Wissenschaftlern seit 1996 eine viel beachtete Arbeit. Beim bis zu zehnstündigen kräftezehrenden Durchtauchen des strömungsreichen Höhlenflusses wurden schon ergiebige Besiedelungsspuren aus Vor- und Frühzeit entdeckt. Und die Tauchgänge in die Tropfstein-Schatzkammer zur Marterkluft und weiter durch den Ehrenfelser See über die Zwanziger-Quetsche in den St.-Andreas-Schacht bis in 60 Meter senkrecht abfallende und atemberaubende Schlundtiefe lassen darauf schließen, dass man mit der Höhlenerforschung noch lange nicht am Ende ist. Nach Erkundung und Vermessung von knapp 300 überwiegend mit klarstem Karstquellwasser gefüllten Höhlenmetern warten bereits neue, unergründete Spalten. In die geheimnisvolle Unterwelt der Wimsener Höhle einzutauchen, ist Abenteuer pur. Ein seltener Glücksfall nicht nur für eine Handvoll versierter Taucherprofis, sondern alljährlich für Zigtausende Touristen, die von einem Fährmann im Kahn durch die Eingangshöhle geleitet werden.

Burg Derneck ist ein idealer Ausgangsort für Wanderungen rund um den Luftkurort Hayingen.

Bio-Restaurant & Hotel Rose
Familie Tress
Aichelauer Straße 6
72534 Hayingen-Ehestetten
07383 9498100
www.tress-gastronomie.de

31 Eine Göttin steht Pate
Hayingen – Bio-Restaurant und Hotel Rose

»Gut Ding hat Weile«, verweist die Speisekarte dezent auf das erste Gebot einer kulinarischen Inszenierung: die Vorfreude auf den kommenden Genuss. Der perlende Quitten-Frizzante ist Vorgeschmack und Aufforderung zugleich, das Qualitätssiegel »biodynamisch« beim geruhsamen Verkosten eines *Rose*-Menüs zu testen.

Im Albdörfchen Hayingen-Ehestetten hätte man dieses Demeter-Lehrstück in Form gepflegter Gastlichkeit nicht erwartet. Das vielversprechende Angebot aus dem Hausblatt der Bio-Jünger ist dem äußeren Anschein nach eher eine Liebe auf den zweiten Blick. Doch wenn's dann im sommerlichen Gastgarten unter der Kastanie auf grün kariertem Polster bequem wird, verheißt bereits der Blick in die Speisekarte Nichtalltägliches. Zu verdanken ist dies Johannes Tress. Vor 70 Jahren hatte sich der Landwirt für den konsequenten Anbau nach dem Demeter-Prinzip entschieden. Seine Nachfolger haben das Vermächtnis zum durchgängigen Qualitätsprinzip ausgebaut. Aus dem landwirtschaftlichen Anwesen mit Stallungen und einer Gastwirtschaft im Ortskern wurde das erste Biohotel Baden-Württembergs, ausgezeichnet mit einem großen »F« im Feinschmecker-Guide. Kochstudio, Biomanufaktur, Kräutergarten und anspruchsvolle Eventgastronomie in Schloss Ehrenfels und der historischen Wimsener Mühle. Nach dem frühen Tod ihres Mannes hält Inge Tress mit ihren vier Söhnen Daniel, Simon, Christian und Dominik die Fäden der Tress-Gastronomie fest in der Hand. Von der Gesundheitsberaterin über die Restaurantfachfrau und Hotelbetriebswirtin bis zum Koch und Bankkaufmann bringt der Tress-Clan eine Qualifikationsexpertise auf die Beine, die ihresgleichen sucht. Besondere Auszeichnungen als Spitzenkoch bringt Simon Tress an die exklusiven *Rose*-Kochtöpfe: Schon als Jungkoch Mitglied in der deutschen Nationalmannschaft der Köche hat der heutige Küchenchef des Biohotels Rose in der Lehre die Beletage der deutschen Sterneküchen durchlaufen und bei Wettbewerben quer durch die Weltmetropolen die Prominenz bekocht.

Genießerland Schwäbische Alb ist einer von zahlreichen Rose-Arrangements. Dieses kann als ganztägiger Gruppenevent mit Kochshow und Wanderung zur Wimsener Höhle gebucht werden.

Haupt- und Landgestüt Marbach
Gestütshof 1
72532 Gomadingen-Marbach
07385 9695000
www.gestuet-marbach.de

Tourist-Information Gomadingen
Marktplatz 2
72532 Gomadingen
07385 969633
www.gomadingen.de

32 Pferde zum Träumen
Gomadingen – Haupt- und Landgestüt Marbach

Alles Glück dieser Erde liegt auf dem Rücken der Pferde: Im Haupt- und Landgestüt Marbach kann die Freude am Umgang mit den edelsten und anmutigsten Reittieren nach allen Regeln der Kunst ausgekostet werden. Das ist – aktiv wie passiv – ein unvergleichliches Erlebnis.

Die Gestütshöfe Marbach, Offenhausen und St. Johann bilden den schmuckvollen Rahmen für malerische Szenen. Die friedvolle Ruhe einer Stutenherde auf üppig grüner Frühlingsweide. Das stolze Aufbäumen eines Zuchthengstes auf der Koppel am Waldsaum. Die unbändige Lebenslust einer stürmisch dahingaloppierenden Fohlenschar. Doch das älteste und bedeutendste staatliche Gestüt Deutschlands bietet weit mehr als stimmungsvolle Eindrücke eines touristischen »Filetstücks« des Luftkurortes Gomadingen. Als »Kompetenzzentrum für Pferdezucht und Pferdehaltung Baden-Württemberg« und Sitz der Vereinigung europäischer Staatsgestüte ist Marbach mit nahezu 100 Mitarbeitern und 40 Auszubildenden der größte Ausbildungsbetrieb für Pferdewirte in Deutschland und bietet ganzjährig Kurse für Anfänger, Fortgeschrittene, Turniereinsteiger und Trainer im Reiten und Fahren an. Marbacher Kontraste: Hier die Atmosphäre der sportlichen Massenveranstaltung voll atemberaubender Spannung. Dort die konzentrierte Stille eines im Wortsinne klösterlichen Quellgrundes. Denn hier am Ursprung der Lauter in Offenhausen sorgen in der EU-Besamungs- und Embryotransferstation die begehrtesten Spitzenhengste der Vollblutaraber, Kaltblüter und Deutschen Reitpferde für das gesicherte Werden und Gedeihen eines Pferdezuchtbetriebes, den die Herzöge und späteren Könige von Württemberg im 16. Jahrhundert offiziell zum Hof- und Landgestüt erhoben haben. Und die legendären Väter ganzer Generationen von Spring-, Dressur- und Rennpferden sind im Gestütsmuseum nebenan eindrucksvoll dokumentiert.

Der Luftkurort Gomadingen kann vor allem mit Landschaft und Natur punkten: Planetenwanderweg, Sternbergturm, Burgruine Blankenstein, Gestütsmuseum Offenhausen, Naturerlebnispfad und viele Erholungs- und Freizeiteinrichtungen machen ihn zum Urlaubszentrum für Wanderfreunde und Fahrradtouristen.

Schäferei Stotz
Viehweide 2
72525 Münsingen
07381 1414
www.schaefer-stotz.de

Biosphärenzentrum Alb
72525 Münsingen
07381 9329380
www.biosphaerenzentrum-alb.de

33 Der Mensch schweigt, die Natur erzählt
Münsinger Hardt – Schäferei Stotz

Hier führen die Wege in alle Himmelsrichtungen. Betoniert, asphaltiert, geschottert oder gerade noch als Spur auf der Grasnarbe erkennbar, durchfächern sie 6.700 Hektar hügelige Landschaft.

Der Schießplatz schweigt. Seine knapp über hundertjährige Geschichte ging 1992 abrupt zu Ende. Seither haben Schäfer zwischen bröckelnden Schießständen und ausgedienten Zielattrappen das Kommando. Ihr Auftrag heißt Landschaftspflege. 13 Pächter bringen im Jahr bis zu 30.000 Schafe auf die Weide. Die sorgen unermüdlich wandernd und grasend dafür, dass ein weltweit einmaliges Biotop optimal erhalten bleibt. Naturschutz als Wirtschaftsgrundlage. Schafhalter Gerhard Stotz und seine Verwandtschaft treiben ganze fünf Herden übers Weideland. Jeweils über 1.000 Schafe mit ihren Lämmern durchziehen von April bis Oktober das ihnen zugewiesene Areal auf dem ehemaligen Truppenübungsplatz. Die Wanderschäferei im straff organisierten landwirtschaftlichen Münsinger Großbetrieb betreibt er mit Ehefrau und Sohn bereits in vierter und fünfter Familiengeneration. Wenn er Gäste über den Übungsplatz führt, lenkt er seinen Bus über die Panzerpiste hinauf zu einem der besten Aussichtspunkte. Hinter den vordergründigen Baumschatten tritt der Turm des von Gruorner Ehemaligen wieder aufgebauten Kirchleins hervor und erzählt von bewegter Vergangenheit. In solchen Momenten kann Schäfer Stotz dann schon mal ins Schwärmen geraten über die Schönheit der vom Menschen unberührten Natur mit ihren Kostbarkeiten an Flora und Fauna. Seit Jahren schon hat er dem Lamm von der Alb den Einstieg ins Gourmetfach gesichert und seine Kundenliste ist – vom Gourmetrestaurant *Bareiss* bis zur *Traube Tonbach* – sternegekrönt. Ein durchschlagender Erfolg ist auch das vor fünf Jahren mit zwei Geschäftspartnern neu gestartete Projekt *Mode aus Merinowolle*. Die Spitzenqualität Alb-Merino findet – vom Socken bis zur Damenbekleidung – immer mehr Liebhaber.

Das Biosphärenzentrum im ehemaligen Wachgebäude der Soldatenunterkunft Altes Lager ist eine echte Attraktion. Ein begehbares Luftbild des 85.000 Hektar großen Gebietes macht dank moderner Medientechnik die virtuelle Begegnung zum authentischen Erlebnis. Infotainment vom Feinsten.

Schloss Lichtenstein
72805 Lichtenstein
07129 4102
www.schloss-lichtenstein.de

Wilhelm-Hauff-Museum
Echazstraße 2
72805 Honau
07129 694357
www.gemeinde-lichtenstein.de

34 Das hohe Lied auf Liebe und Treue
Lichtenstein – Schloss Lichtenstein

Nirgendwo präsentiert sich Heimatgeschichte publikumswirksamer. Schloss Lichtenstein lässt nicht nur das »württembergische Patriotenherz« höherschlagen. Die kühne Architektur in schwindelnder Höhe ist ein Glanzpunkt in der Hitliste der touristischen Attraktionen des Landes.

Als Wilhelm Hauff vor fast 200 Jahren seinen landesgeschichtlichen Roman *Lichtenstein* veröffentlichte, bestimmte vaterländisches Denken den Zeitgeist im Königreich Württemberg. Die historische Romanze wurde zum Volksepos. Dass literarischer Einfallsreichtum bereits wenige Jahre später hoch über dem Tal der Echaz Gestalt annehmen und als steinernes Denkmal eines Romanes zu weltweitem Ruhm gelangen würde, hätte sich der Dichter selbst in den kühnsten Träumen nicht vorstellen können. Heute ist das auf den Resten einer historischen Ritterburg entstandene »Märchenschloss Württembergs« ein touristischer Magnet. Und als Zeugnis spätromantischer Schwärmerei und Prunkliebe zugleich ein Manifest württembergischer Landesgeschichte. Denn diese Türme und Tore, Wälle und Säle, die hier weit über die blauen Albkuppen hinausragen, bewahren das Gedenken an Herzog Ulrich von Württemberg (1487–1550) und damit an den Ahnherren des späteren württembergischen Königshauses, mit dem man die heimischen Tugenden Furchtlosigkeit und Treue ebenso verbindet wie die Zäsur des landesweit verordneten Konfessionswechsels zum Protestantismus.

Wilhelm Hauff hat die bauliche Verwirklichung seines »vaterländischen Traumes« ebenso wenig erlebt wie den weltweiten Ruhm durch seine Märchen. Noch vor seinem 25. Geburtstag verstarb er 1827 in seiner Heimatstadt Stuttgart. Doch sein historischer Roman vom unerbittlichen Kampf des Herzogs von Württemberg gegen Ritterschaft und Schwäbischen Bund hat ihn unsterblich gemacht. Das »Hohelied« auf Liebe und Treue der Untertanen auf der Alb ist in diesen Mauern verewigt.

Im Wilhelm-Hauff-Museum in Honau ist alles Wissenswerte über den Dichter und sein romantisches Epos zusammengetragen. Geöffnet ist vom 1. April bis 15. November an Wochenenden und Feiertagen.

Tourist-Information
Rathaus Undingen
Hauptstraße 2
72820 Sonnenbühl-Undingen
07128 92518
www.sonnenbuehl.de

Freizeitpark Traumland
Auf der Bärenhöhle
72820 Sonnenbühl
07128 3009500
www.freizeitpark-traumland.de

35 Sommerfrische mit Höhlenzauber
Sonnenbühl – Bärenhöhle

Sonnenbühl beansprucht im Alb-Tourismus eine Spitzenposition. Mit Vorzugsklima, Naturwundern und Freizeitattraktionen in erstaunlicher Bandbreite behauptet das »Gemeindequartett« auf der Reutlinger Alb den Sonnenplatz. Auch unter der Erdoberfläche gibt es Außergewöhnliches zu sehen.

Die halbstündige Führung durch rund 300 Meter grandios versteinerte »Unterweltarchitektur« ist so märchenhaft wie die Geschichte ihrer Entdeckung. Ein Schulmeister aus Erpfingen sammelte dereinst Baldrianwurzeln im Bergwald. Dabei lösten sich Steinbrocken und gaben ein Erdloch frei. Sein silbernes Schnupftabaksdöschen fiel ihm vor Schreck aus der Hand und verschwand … direkt vor ihm in der Tiefe. Schaudernd erkannte er im Dunkel ein Menschenskelett … Da hat sich die gute Fee an der Wiege des Fremdenverkehrs auf der Alb ein wahrhaft fantasiereiches »Taufgeschenk« einfallen lassen. Und wenn der kundige Höhlenführer diese spannende Story von der Entdeckung der Karlshöhle am 30. Mai 1834 erzählt, kann es seinen Zuhörern ganz schön gruselig werden. Ein eigenartiges Gefühl ist es schon, zwischen versteinerten Wirbeln, Beckenknochen und übersinterten Schädeln der Höhlenbären durch diesen Millionen Jahre überdauernden »Vorzeitfriedhof« zu wandern. Das bis 1949 weitgehend der wissenschaftlichen Erkundung vorbehaltene Gesamtensemble der Erpfinger Höhlen wurde mit der Entdeckung der eigentlichen Bärenhöhle systematisch der touristischen Nutzung zugeführt. Schritt für Schritt entstand aus einem der beliebtesten Ausflugsziele im Lande das *Traumland*. So nennt sich der Familienfreizeitpark mit Riesenrad und Märchengarten über der Bärenhöhle. Mit dem Feriendorf Sonnenmatte, mit Jugendherberge, Campingplatz, Sommerbobbahn, 18-Loch-Golfturnierplatz und Wanderreitstation empfiehlt sich der Luftkurort Sonnenbühl im Gesamten als Traumland in Sachen Erholung.

Vom Kältepol zum Sonnenparadies – auf den Spuren der Klimageschichte. Zwölf Stationen auf einem Neun-Kilometer-Rundweg rund um die Sonnenalb mit einem Abstecher ins Revier des Albwetterfrosches nach Engstingen (www.sonnenbuehl.de).

Romantik-Hotel & Restaurant Hirsch
Im Dorf 12
72820 Sonnenbühl
07128 92910
www.restaurant-hotel-hirsch.de

Ostereimuseum Sonnenbühl
Steigstraße 8
72820 Sonnenbühl
07128 92518
www.ostereimuseum.de

36 Festlich und köstlich
Sonnenbühl – Romantik-Hotel und Restaurant Hirsch

Im *Hirsch* zu Erpfingen genießt man in vollen Zügen die Freuden eines Romantik-Hotels, dessen Renommee schon seit mehr als zwei Jahrzehnten auf den kulinarischen Kreationen und dem Rundum-Wohlfühlangebot von Sternekoch Gerd Windhösel und seiner Frau Silke ruht.

Vom persönlichen Tête-à-Tête mit dem Götterboten des Genusses kann der Gast gleich zweifach profitieren, wenn er – flankiert von Lorbeer und Oleander – das von Deutschlands Küchenpäpsten empfohlene Haus betritt. Geht er nach links zur *Dorfstube* mit dem einladenden Flair altrosa-samtblauer Romantik vor honigfarbenem Holzgetäfel, erwartet ihn die gutbürgerliche Variante einer ganz auf Spezialitäten der Heimat ausgerichteten würzig-schmackhaften Kost. Die Vorsilbe »Alb« schmückt hier die allermeisten Zutaten: vor Köstlichem mit Alb-Büffel, Alb-Lamm, Alb-Linsen und Alb-Spätzle das Amuse-Gueule mit albkräutergewürztem Albrohmilchkäse. Der Chef legt auf diese rustikale Regionalküche in seiner *Dorfstube* genauso viel Wert wie auf den erlesenen Gaumenschmaus im *Feinschmeckerrestaurant*. Seit 1985 nach Lehr- und Wanderjahren unter den Fittichen namhaftester Kochkünstler im Familienbetrieb, hat er das elterliche Gasthaus in der Erpfinger Ortsmitte 1989 übernommen, das Ambiente nach allen Regeln der Gastkultur ausstaffiert und seinen Michelin-Stern ohne Unterbrechung seit über 20 Jahren verteidigt.

Die kulinarische Wahl überlässt er dem Gast. Der kann die besonderen Stunden und Anlässe mit dem stilvollen i-Tüpfelchen erlesener Gaumen-Raffinements krönen. Edle saisonal wechselnde Kreationen, festliche Menüs, außergewöhnliche Büfetts – auf Wunsch umrahmt mit stimmungsvollem Programm – sollen Geschäftsjubiläum oder Familienfeier unvergesslich machen. Und das Serviceteam der Chefin – ums Wohl des Sonnenbühl-verwöhnten Gastes stets besorgt – setzt mit sensibel dem Anlass und dem Anspruch der Küche angepasster Dekoration zusätzliche Akzente.

Das Ostereimuseum – die kleine, aber feine Kulturkunde ist nur wenige Schritte vom *Hirsch* entfernt.

Theater Lindenhof
Unter den Linden 18
72393 Burladingen
07126 929394
www.theater-lindenhof.de

Albgold Teigwaren
Klaus-Freidler-Straße 1
72818 Trochtelfingen
07124 92910
www.alb-gold.de

37 Leidenschaft auf Scheunenbrettern
Melchingen – Theater Lindenhof

»Jottwehdee« ist ganz weit draußen. Wo man noch sagen kann, was man denkt. Wo man den lieben Gott einen guten Mann sein lässt. Wo die Welt manchmal ganz lustig ist und die Schwaben ihre ganz besondere Eigenart ungeniert ausleben. »Jottwehdee« ist Theater im Lindenhof Melchingen.

Die Hochfläche der Schwäbischen Alb ist eine Gegend zum Sinnieren. Der Rest der Welt ist »irgendwo da unten« und die Sterne sind zum Greifen nah. Die Theaterleute auf Schwabens höchster Bühne haben sie sicherheitshalber gleich auf »die Bretter, die die Welt bedeuten«, geholt. In 35 Jahren ist es ihnen tatsächlich gelungen, in einem Albdorf »jottwehdee« das einzige deutsche Regionaltheater dauerhaft zu etablieren. Der Schlüssel zum Erfolg liegt wohl in der Synthese von leidenschaftlicher Schauspielkunst und bodenständiger Verwurzelung auf harten Scheunenbrettern und steinigem Ackerboden rundum. Wie die legendären *Sieben Schwaben* haben die Lindenhöfler aus Melchingen eine an Theaterfreuden bestimmt nicht überschäumende Region erobert. Die schwäbische Seele mit dem literarischen Vermächtnis eines Thaddäus Troll als Faustpfand im Handgepäck. »Kenner trinken Württemberger« als Etikett obendrauf, ziehen die Lindenhöfler heute noch höchstselbst in »Mission Kleinkunst« quer durch die Festhallen in Land und Stadt und gewähren dem verehrten Publikum einen Blick in den Spiegel seiner eigenen Schwabenseele. *Die Drei vom Dohlengässle* stehen den Theaterchefs Stefan Hallmayer und Bernhard Hurm weder in Reisefreudigkeit noch geistreich derber Spielfreude nach. Weit über eine Million Zuschauer kamen schon in den von Alltagssorgen befreienden Genuss komödiantischer Premiumqualität. »Mit minimaler Ausstattung Maximales schaffen«, nennt das die Theatertruppe. Und die »schwäbische Thalia« hat in rund 350 Aufführungen pro Jahr nicht nur einmalige Triumphe, sondern auch nimmermüden Ideenreichtum und Stehvermögen zu feiern. Der höchst verdiente Preis für unglaublich viel Fleiß: Sogar in der Landeshauptstadt weiß man mittlerweile: »Falls jemand zufällig gerade einmal die Wahrheit sucht, der begebe sich auf die Albhochfläche nach Melchingen.«

Dem Kulturgenuss ebenbürtig ist der Naturgenuss im Albgold-Kräutergarten im benachbarten Trochtelfingen.

Hohenzollerische Ballonfahrer
Bronnensteige 20
72459 Albstadt
07432 99104
/www.ballonfahrt.org/deutschland/
baden-wuerttemberg/
hohenszollerische-ballonfahrer

38 Nur der Wind kennt das Ziel
Albstadt – Hohenzollerische Ballonfahrer

Schwerelos. Lautlos. Der Wind treibt den Ballon übers Hohenzollernland. Felder, Wälder, Wiesen malen unter uns Patchwork-Geometrie. Gemälde in Grün. Nordwärts gerahmt vom welligen Blau der Albkuppen, südlich vom Zackenband der Alpen.

»Im Frühtau zum Himmel …« Heute bedient der Chef persönlich den Brenner des Heißluftballons. Vom Startplatz hinterm Ballonzentrum am Eschenbach in Albstadt-Pfeffingen erhebt sich die mit Heißluft gefüllte Montgolfiere sachte in die Lüfte. Der hohenzollerische Ballonfahrer, der mit einem halben Dutzend Ballone eine der landesweit größten und mit bald 40-jähriger Firmengeschichte auch eine der ältesten und bekanntesten Ballonflotten aufgebaut hat, liebt die Westströmung. »Die Alb ist der ideale Luftraum für Ballonfahrten«. Ein Freiraum ganz ohne die lästigen Komplikationen in den Ballungsgebieten. Ein erfahrener Pilot wie er kann das beurteilen. Mehr als 2.650 Ballonfahrten über allen fünf Kontinenten dieser Erde hat er schon erfolgreich hinter sich gebracht; dabei weit über 10.000 Mitreisenden das unvergleichliche »Erlebnis Schweben in Schwaben« ermöglicht. So ein lautlos durch die Luft fahrender Ballon hat selbst im Hightech-Zeitalter nichts von seiner Faszination verloren. Grenzenloses Gefühl der Freiheit … Sich hinausträumen aus dem Alltag … Die Welt unter sich lassen … Dem Diktat der Zeit entgleiten … Dazu sind 6.000 Kubikmeter Heißluft in einer Kunststoffhülle erforderlich. Sie tragen das gepolsterte Flechtwerk des Reiseballons sicher durch die Lüfte. Von Kältegraden keine Spur, die Brenner sorgen selbst im Winter für angenehme Temperaturen. Der Blick aus der Vogelperspektive ist großartig. Das liebliche Tal der Fehla, die Häuserdächer von Gauselfingen, links am Städtchen Gammertingen vorbei über Kloster Mariaberg und die Mäander der schönen Lauchert. Kinder grüßen winkend herauf. Erlaubt die starke Drift heute sogar noch den Blick in den engen Canyon der Zwiefalter Ach? Das Ziel kennt nur der Wind.

Die Schönheit des Tales von Fehla und Lauchert aus der Vogelperspektive zu bestaunen, macht Lust auf spätere Erkundungstouren per pedes und pedalo. Lohnende Ziele unter: www.gammertingen.de

Maschenmuseum Albstadt
Wasenstraße 10
72461 Albstadt
07431 1601485 oder
www.albstadt.de/maschenmuseum

Nähmaschinenmuseum
Mey im Geschäftsgebäude
Auf Steingen 6
72459 Lautlingen
07431 7060
www.mey.com/de/
naehmaschinenmuseum

39 Hier ist »der Trikot« zu Hause

Albstadt – Maschenmuseum Albstadt

Der alte Färbermeister taucht ein Stückchen Stoff in die purpurfarbene Flüssigkeit und erhitzt sie. Mit der Pipette hat er zuvor die Mixtur bereitet. Ein bisschen Cyan, etwas Gelb und vor allem die Grundfarbe Magenta. »Rot ist am heikelsten«, belehrt er sein Publikum, das sich zwischen den musealen Raritäten drängt.

In der einstigen Textilmetropole denkt man mit Wehmut an noch gar nicht so lange vergangene Zeiten, als man stolz sein konnte auf die höchste Frauenarbeitsquote im Land. Hier schaffte fast jede und jeder »im Trikot«. Knapp 400 Textilfabriken garantierten in der Raumschaft den Familien Lohn und Brot. In einer einzigen Generation ist die Textilindustrie einschließlich ihrer Zulieferer von Nadeln und Strickmaschinen auf weniger als ein Drittel geschrumpft. Einige davon stellten ihr Inventar inzwischen dem Museum zur Verfügung. So kam es, dass aus der Ausstellung *Menschen, Maschen und Maschinen* bei den Heimattagen 1987 eines der vom Schwäbischen Heimatbund gekürten »Vorbildlichen Heimatmuseen« des Landes wurde. Mit den Maschinen siedelte auch so mancher alte Stricker, Färber und Zuschneider aus der Produktion direkt ins Museum über. Das ist – ebenso wie die Treue der Albstädter zu ihrem Museum – zweifellos eine Besonderheit.

Seit 1996 kümmert sich eine Vielzahl von Ehrenamtlichen ums Wohl einer kulturellen Einrichtung, die ihresgleichen sucht. Restaurierung, Pflege und Wartung des Maschinen- und Geräteparks, Aufsicht, Bewirtung bei Veranstaltungen … Selbst manche Führung bereichern die Freiwilligen mit ihrer Sach- und Fachkenntnis. Auch zukünftig wird man auf den engagierten »Arbeitskreis Maschenmuseum« nicht verzichten können. Dank der Mitglieder und dank des reichen Bestands an Exponaten inklusive historischer Fotografien gewährt die Ausstellung einen nahezu lückenlosen Einblick in die modegeschichtliche Entwicklung im Zeitraum 1870 bis 1970. Museumspädagogische Angebote und Stationen bieten auch den jüngsten Besuchern einen spielerischen Zugang zu diesem bedeutenden Abschnitt schwäbischer Geschichte.

Wirkungsvoll ergänzt wird die Textilgeschichte in Albstadt-Lautlingen. Das Nähmaschinenmuseum der Firma Mey zeigt in seiner Sammlung einmalige Raritäten.

Förderverein Ruine Hornstein e.V.
Ruine 1
72511 Bingen
07571 52050
www.ruine-hornstein.de

40 Ein Fingerzeig der Vergänglichkeit
Bingen – Ruine Hornstein

Wie ein Adlerhorst wachen die Mauerquader in schwindelnder Höhe auf der Felsenkrone über dem Tal der Lauchert. Unter den vielen Überbleibseln ritterschaftlichen Stolzes am Alb-Donau-Rand ist Ruine Hornstein bei Bingen zweifellos die imposanteste.

»Auferstanden aus Ruinen« -- in der bürgerschaftlich restaurierten Burganlage setzen Idealismus und Engagement des Fördervereins Ruine Hornstein seit mehr als 20 Jahren dynamische Akzente. Ritterburg, Barockschloss, Zucht- und Strafanstalt, Freilichtbühne … 800 Jahre Geschichte haben vielfältige Spuren hinterlassen. Unverkennbar, dass diese Bruchsteinmauern dem Schicksal des totalen Verfalls nur haarscharf entronnen sind. Doch die verbliebenen Steine erzählen eindrucksvoll von Prunk und Stärke, von Schloss und Herrschaft. Als ein markanter Fingerzeig der Vergänglichkeit herrschaftlichen Glanzes, aber auch eines immerwährenden Auf und Ab. Dass dem aufgelassenen Sitz der Freiherren von Hornstein ein Neuanfang als öffentliches Kulturgut beschieden sein sollte, beeindruckt. Aus dem mithilfe öffentlicher Fördermittel und Eigenleistung geschulterten Millionenprojekt Burgsanierung – von den Eigentümern lediglich durch langfristig kostenfreie Nutzungsüberlassung gestützt – wurde ein kulturell wie gesellschaftlich rund ums Jahr ausgebuchter Veranstaltungsort. Führungen, Ferienspiele, Familienfeste … Ruine Hornstein ist ein Kultort, an dem sich fürstlich beswingt vom Saxofon des Fürsten von Hohenzollern auch die überregionale Jazz-Szene trifft. An dem in illustrer Gesellschaft die Landesministerin den eigenen Eintritt ins »Schwabenalter« feiert. An dem im Barockstuck der Turmkapelle so mancher Bund fürs Leben geschlossen wird. Ruine Hornstein ist attraktives Ziel und guter Start zugleich. Hier lässt sich's bestens tagen und feiern und natürlich auch wandern in guter Luft und herrlicher Landschaft. Wer Lust und Laune hat und sich rechtzeitig anmeldet, kann bei Tanz, Spiel und Schmaus nachempfinden, wie es dereinst wohl gewesen sein mag – bei den »alten Rittersleut«.

Beim Ausflug von Bingen ins Bittelschießer Täle lässt sich die Prise Oberschwaben in der barocken Sakralwelt der markanten katholischen Kirche mit einem Hauch Alb-Romantik am fels- und burggesäumten Ufer der Lauchert verbinden.

**Unternehmensgruppe
Fürst von Hohenzollern**
Schloss Sigmaringen
72488 Sigmaringen
Karl-Anton-Platz 8
07571 729230
www.hohenzollern.com

Tourist-Information Sigmaringen
Fürst-Wilhelm-Straße 15
72488 Sigmaringen
07571 106224
tourismus-sigmaringen.de

41 Fürstenglanz auf Schritt und Tritt

Sigmaringen – die Hohenzollern-Stadt

»Hoheit gibt sich die Ehre«. Fürstliches Flair ist in Sigmaringen allgegenwärtig. Straßen, Fassaden, Grünanlagen … Über all dem von Fürstenglanz und Bürgerstolz geprägten Stadtkonterfei thront die Residenz der Fürsten von Hohenzollern-Sigmaringen.

Die Fürstenfamilie ist für die rund 19.000 Einwohner in der Raumschaft an Donau, Schmeie und Lauchert ein Teil persönlicher Identität. Wie seit Beginn der 500-jährigen hohenzollerischen Herrschaftsgeschichte. In Sigmaringen jobbt man im Prinzenbau, shoppt im Marstall, joggt im fürstlichen Wildpark Josefslust und lustwandelt im gepflegten Prinzengarten. Ein Neugeborenes empfängt hier die Taufsakramente in der Fidelis-Wiege vor bemerkenswertem Sakralbarock in der einstigen Burgkapelle, zieht später mit den Repräsentanten des Fürstenhauses alljährlich bei der Fidelis-Prozession am Todestag des Stadtheiligen an Preußenadler und Fürstenstatue im Schlossgarten vorbei durch die Innenstadt, freut sich alle Jahre wieder an der exquisiten Schönheit der Weihnachtskrippe in der Hedinger Gruftkirche der Hohenzollern und wird schlussendlich in unmittelbarer Nachbarschaft mit Zeitzeugen von Rang und Namen, die einst in hohenzollerischen Diensten standen, seine letzte Ruhestätte auf dem Friedhof teilen. In der Residenzstadt des Fürstentums Hohenzollern-Sigmaringen mögen einige Relikte historischer Blüte da und dort schon etwas Patina angesetzt haben, doch die Aura einer großen Geschichte ist nach wie vor präsent. Dank der zeitweilig herausragenden Rolle in der Weltgeschichte – von Napoleon über die Preußenkaiser bis zur kurzen, aber nachhaltigen Ära des Vichy-Regimes – wird der Stadtrundgang zum spannenden Abenteuer Geschichte. Insbesondere dann, wenn er – ob in Tages- oder Themenführungen – mit einer Schlossbesichtigung abgerundet wird. Persönliche Begegnung mit Fürstens inbegriffen. Die Schloss-Herrschaft pflegt Heimat und Herkunft intensiv und höchstpersönlich. Karl Friedrich Fürst von Hohenzollern sieht sich da der Tradition von Familie und seinen Sigmaringer Mitbürgern verpflichtet.

Der Wildpark Josefslust ist eines der meistbesuchten Naherholungsgebiete an der Oberen Donau. Natur pur auf insgesamt etwa 1.500 Hektar Waldfläche.

Heuneburg-
museum

Keltenmuseum Heuneburg
Binzwanger Straße 14
88518 Hundersingen
+497586 1679

Freilichtmuseum Heuneburg
Heuneburg 1–2
88518 Hundersingen
07586 8959405
/www.heuneburg-pyrene.de

42 Gold und Glas aus Hügelgräbern
Hundersingen – Heuneburg

Auf der Heuneburg herrscht Hochbetrieb. Die Feuerstellen lodern. Die Fladen duften. Die Web-Brettchen klappern. Die Wangen glühen. Eine Kette aus Glasperlen reihen? Holznägel aus Fichtenästen schnitzen? Einen keltischen Knoten knüpfen? Beim Frühlingsfest im frühkeltischen Fürstensitz wird längst Verschollenes wieder zum Leben erweckt.

Sensation im Maisfeld der Donau-Auen. Das Hügelgrab unweit der Heuneburg entpuppt sich mit wertvollsten Grabbeigaben als Totenkammer einer frühkeltischen Fürstin. »Ein Fund von europäischem Rang«, urteilt die Fachwelt.

Bereits vor rund 150 Jahren gaben die riesigen Grabhügel im südlichen Albvorland ihr wertvolles Innenleben zum ersten Mal preis. Goldene Arm- und Halsringe wiesen auf einen »Fürstensitz Heuneburg« hin. Systematische Forschungsarbeit ließ die Fachwelt aufhorchen: Die Heuneburg mit ihrem Umland erwies sich als eine herausragende archäologische Region in Mitteleuropa. Mit vereinten Kräften von Wissenschaft, öffentlicher Hand und ehrenamtlichen Helfern gelang es in den Folgejahren, die Bedeutung dieser frühkeltischen Hochburg allgemein zugänglich zu machen. Museal aufbereitet im mit wertvollen Grabungsfunden ausgestatteten Museum Hundersingen und in authentischer Rekonstruktion zu einem der attraktivsten Freilichtmuseen im Land gestaltet, ermöglicht die Heuneburg heute die persönliche Begegnung mit unseren keltischen Vorfahren in erstaunlicher Intensität und Lebendigkeit. Das im Denkmalbuch eingetragene »Kulturdenkmal von besonderer Bedeutung« öffnet ein Fenster in die Mitte des ersten vorchristlichen Jahrtausends. Dabei bleibt es nicht bei der trockenen Belehrung mit geschichtlichen Daten und Fakten. Die *KeltenWelten* am Ufer der jungen Donau haben sich der Wissenschaft wie auch dem Tourismus schon weit geöffnet. Und der Fensterblick aus der bereits von Herodot dokumentierten einstigen Metropole lässt noch einige überraschende Kapitel keltischen Lebens in unserem Raum erwarten.

Wandern in grauer Vorzeit: Die Viereckschanzen und Grabhügel sind durch einen archäologischen Wanderweg verbunden.

Freilichtmuseum Neuhausen ob Eck
Museumsweg 1
78579 Neuhausen ob Eck
07467 1391
freilichtmuseum-neuhausen.de

43 Willkommen im Dorf
Neuhausen ob Eck – Freilichtmuseum

Unsterblich? Nein, das sind sie leider nicht, die Schau-Schweinchen«
von Neuhausen ob Eck, auch wenn sie noch so vergnügt ihrer musealen
Pflicht nachkommen. Die Stars der Freilichtmuseums-Saison stehen pro-
grammatisch »im Dienst der Sache«. Bis zum bitteren Ende.

Die Schweinehut ist ein absoluter Hit. Als während der Öffnungs-
monate festes tägliches Museumsprogramm kann sie schon mal Kinder
und Erwachsene außer Atem bringen. Das Museumsteam natürlich auch.
Die »schwäbisch-hällische Sauenparade« repräsentiert – ob beim sichtlich
angenehmen Suhlvergnügen im Schlamm oder von der Schweinehirtin ge-
lenkt beim Marsch durch die Dorfstraßen vom Stall zum ebenso beliebten Tagesaufenthaltsort im Dorfwald – ein ausgewiesenes Museumsziel:
Sie zeigt Bewirtschaftungs- und Lebensformen des 18. Jahrhunderts auf
dem Lande. Dazu gehört, wie die Dreifelderwirtschaft, auch die Hutwei-
de. Und die war, wie die »Hirtin« fachkundig erklärt, in der Regel sogar
noch bis weit in die zweite Hälfte des 20. Jahrhunderts hinein in den besonders ländlich strukturierten Dörfern der Alb, des Schwarzwaldes und
der nördlichen Bodenseeregion verbreitet. Am Morgen sammelten unter
Aufsicht des Hirten die Hütekinder alle Schweine des Dorfes und trieben
sie – wie alle anderen Tiere auch – auf ausgewählte Weideflächen. Dass
Schweinehirten am untersten Ende der sozialen Hierarchie eines Dorfes
standen, weiß jedes Kind seit Grimms Märchen. Wie man im damaligen
Alltag allerdings mit der Besitzlosigkeit strukturell umging, ist noch nicht
abschließend erforscht. Und auch diese Grundlagenarbeit gehört zu den
Primäraufgaben des Museums. Neuhausen ob Eck ist mit allseits an-
erkanntem Lehr-, Unterhaltungs- und Informationsprogramm und rund
90.000 Besuchern jährlich einer der programmatischen Vorreiter unter den
sieben Freilichtmuseen des Landes. Als »Südwest-Pforte des Geoparks
Schwäbische Alb« gewährt es Einblick in typisch älblerische Charakteris-
tika, indem es bis ins Detail stimmig den dörflichen Alltag, die alten Sitten
und Gebräuche neu aufleben lässt.

Landesweit einmalig, typisch älblerisch und ein Highlight: Im Pfeiferhaus,
einem fast hundert Jahre alten, original erhaltenen dörflichen Kaufladen,
kann man nach Herzenslust kramen und kruschteln.

Erzabtei St. Martin zu Beuron
Abteistraße 2
88631 Beuron
07466 17 0
www.erzabtei-beuron.de

44 Hier ist Stille Programm
Erzabtei St. Martin zu Beuron

Zum Niederknien – die Schönheit dieses Tales ist einzigartig. Tiefe Stille und ein warmes Licht, das die Farben brennen lässt, als ob alles – die Bäume, die Felsen, der Fluss – von innerem Leuchten erfüllt sei.

Klöster, so sagt man, stehen immer an landschaftlich besonders reizvollen Orten. Die Benediktiner Erzabtei Beuron ist dafür ein guter Beweis. Einen prächtigeren Naturrahmen, eine dramatischere Landschaftsszenerie hätten die Klostergründer nicht finden können. Wohl auch keinen weltabgewandteren Ort, in dem Stille Programm, Spiritualität Konsequenz ist. Das Besondere zieht immer an. So mag die Magnetwirkung, die das Kloster an der jungen Donau zu allen Zeiten auf »die Welt da draußen« ausgeübt hat, an der nach innen gerichteten mönchischen Lebensführung ebenso liegen wie an der wundervollen Natur und der einzigartigen Landschaft. Seit die Benediktiner vor über 150 Jahren nach der Säkularisierung das Kloster wieder besiedelt haben, ist Beuron ein Treffpunkt. Ein Ort des Zusammentreffens von Extremen. Von Abstand und Nähe. Besinnung und Begegnung. Geschichte und Gegenwart. Stille und Hektik. Hier haben Geistesgrößen Spuren hinterlassen und Gestrandete suchen – und finden – neue Wege. In dieses Spannungsfeld von Natur und Mensch zieht es alljährlich rund eine halbe Million Besucher. Das Kloster ist Anlaufpunkt. Bis zu 1.000 können es täglich sein, an hohen kirchlichen Feiertagen noch mehr, die sich auf dem Kirchenvorplatz und an der Klosterpforte einfinden: Pilger und Seminargäste, Gottesdienst- und Konzertbesucher, Freunde der Beuroner Kunst und des Gregorianischen Chorgesanges, Wanderer und Fahrradtouristen, Kanu- und Klettersportler. Die einen suchen Ruhe und Abstand, die anderen wollen sich bewegen. Zu finden ist für jeden etwas in diesem ewigen Kanon von geistlichem Leben, liturgischer Zeremonie, landschaftlicher Schönheit und sportlicher Herausforderung. Wer hierherkommt, nimmt immer auch etwas mit. In jedem Falle geistige Anregung. Und dazu ein unvergesslich schönes Bild.

Ein Spaziergang nach St. Maurus im Felde belohnt den Besucher mit *Beuroner Kunst* und modernster Wasserkrafttechnik.

Naturpark Obere Donau
Geschäftsstelle im Haus der Natur
Wolterstrasse 16
88631 Beuron
07466 92800
www.naturschutzzentren-bw.de
www.naturpark-obere-donau.de

45 Naturschutz und Tourismus umarmen sich
Naturpark Obere Donau

Jeder einzelne Quadratkilometer ist liebenswert. Und weil es ganze 1.490 davon gibt, die zu erkunden, zu ergründen und vor allem zu bewundern sind, kann die Liebe zum Naturpark Obere Donau ein ganzes Leben lang halten.

Das Herzstück dieses einzigartigen Naturraumes liegt zwischen Fridingen und den fünf Beuroner Teilgemeinden. Ein überwältigender Dreiklang aus Wald, Fels und Fluss gruppiert sich um rund zwölf faszinierende Donaukilometer. Naturschauspiel pur, wohin das Auge schaut. Sowohl auf den weiten Flächen hinter dem Taltrauf als auch an den Steilhängen und in der Uferzone des Talgrundes. An Dramatik lässt die Landschaft nichts zu wünschen übrig. Ebenso wenig an Reichtum und Vielfalt von Flora und Fauna. Nur folgerichtig also, wenn die Obere Donau als geschlossener Naturraum von europäischem Rang hervorgehobenen Schutz genießt. Was im europäischen Gütesiegel »Natura 2000« seit Ende 2009 sozusagen verbrieft wurde, steckt erfreulicherweise nicht unter einer Glasglocke. Die nicht immer einfache Umarmung von Naturschutz und Tourismus an der jungen Donau – dokumentiert im gemeinsam vom Naturschutzzentrum und dem Naturparkverein getragenen *Haus der Natur* in Beuron – funktioniert in der täglichen Praxis. 56 Gemeinden aus vier verschiedenen Landkreisen sowie Albverein, Bergwacht, Landessportverband und Alpenverein koordinieren ihre Einzelinteressen unterm gemeinsamen Dach. Den jährlich über 25.000 Besuchern steht ein vielseitiges Freizeitangebot zur Verfügung: bis zu 400 Veranstaltungen und 200 Kurse im Jahr. Wer gern paddelt, lernt Rücksicht zu nehmen auf die schützenswerte Natur in der Flusszone; Kletterer wissen um die notwendige Schonung des Felsbiotopes; Wanderer erfreuen sich auf zertifizierten Qualitätsrouten wie Donauberglandweg und Donau-Zollernalb-Weg an ganz besonderen Aussichts- und Informationspunkten. Die sorgsam gelenkte Begegnung von Mensch und Natur stößt auf allgemeine Akzeptanz: Wie auch sonst könnten hier Raritäten der Roten Liste wie Alpenbock, Steinröschen, Uhu, Biber oder Luchs dauerhaft überleben?

Die neu gestaltete Dauerausstellung im *Haus der Natur* steht unter dem Motto »Lebendige Vielfalt« und nimmt die Gäste mit auf eine umfassende Sinnesreise durch die verschiedenen Lebensräume.

Hirsch-Erlebniswald auf dem Großen Heuberg
Am Kirchbühl 2
78601 Mahlstetten
07429 7 43
Kletterpark: 07429 9161426
www.hirsch-erlebniswald.de

46 Der große Spaßmacher Natur

Gosheim/Mahlstetten – Großer Heuberg

Lebenslust und Frohsinn haben in der Welt der Macher und Schaffer bekanntlich Seltenheitswert. Das willkommene Antistressprogramm bietet sich auf dem Großen Heuberg. Hier wird die Natur zum großen Spaßmacher: im Winter auf Loipen und Pisten in fantastischen Schneelandschaften. Im Sommer mit ein paar Kniffen und Knoten im Waldseilpark Mahlstetten.

Das Südwestdach der Alb zwischen Neckar und Donau mit seinem steten Wechsel von Hochflächen, Taleinschnitten und Hügelkuppen hat einen herausragenden Ruf als Wintersportparadies. Die Biathlon-Hochburg Gosheim, der Alpin-Parcours Mahlstetten und das 100 Kilometer lange Loipennetz der Arbeitsgemeinschaft Skiwanderwege Heuberg sind *der* Geheimtipp für leidenschaftliche Brettelfans. Aus touristischer Sicht rangiert das geografisch, topografisch und klimatisch bedingte Abseits bisher im Schatten der großen Wintersportzentren. Ein Grund mehr für die vielen ehrenamtlichen Helfer, in der Pflege der Pisten und Loipen nicht nachzulassen. Insider wissen aber längst auch die Freizeitfreuden eines schier unbegrenzten Natur-Dorados im Sommer zu genießen. Zumal sich seit 2009 zu den klassischen Sparten der Naherholung eine ganz neue Attraktion gesellt hat: Der *Hirsch-Erlebniswald* gehört mit Waldseilpark, Märchengolf und Hüttenzauber zu den sportlichen wie auch geselligen Highlights für Alt und Jung. Die Organisatoren und Betreiber – die Wurmlinger Brauereifamilie Honer fungiert als touristischer Initiator und Dienstleister – bieten »das perfekte Erlebnis für die ganze Familie«. Beim luftigen Klettern von Baum zu Baum im sicherheitstechnisch bestens ausgerüsteten Trainingscamp wird die Natur mit ein paar Kniffen und Knoten zum großen Spaßmacher. Das pädagogisch-therapeutisch ausgeklügelte Freizeitangebot komplettiert den Großen Heuberg als Schauplatz für ein Abenteuer Natur in einer großartigen Landschaft.

Wanderparadies mit spiritueller Aura: Der Naturraum zwischen Böttingen und Mahlstetten steckt voller Überraschungen. Biotope wie das Naturschutzgebiet Kraftstein, die Wacholderheide Alter Berg oder die Wallfahrtskirche Aggenhausen sind auch spirituelle Kraftorte par excellence.

Donauberglandweg
Startpunkt: Wanderparkplatz am
Lemberg
78559 Gosheim

**Donaubergland Marketing und
Tourismus GmbH Tuttlingen**
Am Seltenbach 1
78532 Tuttlingen
07461 7801675
www.donaubergland.de

47 Wunder über Wunder am Wegesrand
Von Gosheim bis Beuron – Donauberglandweg

»Wanderbares Deutschland!« Auf dem Donauberglandweg ist der werbewirksame Slogan selbsterklärend. Vier Tagesetappen führen den Wanderer hinauf von den höchsten Kuppen der Schwäbischen Alb im Norden bis hinunter zum tiefsten Talgrund des Donaudurchbruchs im Süden. Ausblick, Weitblick, Überblick, wohin man auch schaut: Ziele, von denen jedes einzelne das Prädikat »wunderbar« verdient.

Der Donauberglandweg zwischen Gosheim und Beuron ist der erste Wanderweg auf der Schwäbischen Alb, der mit dem Logo »Wanderbares Deutschland« zertifiziert wurde. Im Auf und Ab seiner 59 Wanderkilometer – die einzelnen Tagesstrecken belaufen sich auf 13 bis 18 Kilometer – erschließen sich Vielzahl und Vielfalt von Wundern am Wegesrand: Burgruinen und Sanktuarien, Quellbäche und Felswände, seltene Orchideen und prächtige Schmetterlinge, stille Wälder und üppige Wiesen, steinige Äcker und sonnige Flussufer. Den ganz neuen Interessen einer wachsenden Wanderbewegung Rechnung tragend wurden die faszinierenden Eindrücke gebündelt und aus touristischem Blickwinkel in bedarfsorientierte Angebotspakete geschnürt. Ausgangspunkt und Zielrichtung gaben die klare Marschrichtung in gleich dreifachem Sinne vor: Das Erlebnis Natur verspricht Entspannung und Herausforderung zugleich. Die Neugier auf das Abenteuer Heimat lockt. Wachsendes Gesundheitsbewusstsein fördert quer durch alle Generationen die Lust auf Bewegung in frischer, guter Luft. »Der Urlauber sucht sichere, gangbare Wege zu reizvollen Zielen. Wir bieten sie ihm«, verspricht der Geschäftsführer Walter Knittel der Donauberg-land Marketing und Tourismus GmbH, die 2004 unter Beteiligung von 35 Gemeinden gegründet wurde und mittlerweile eine Verdoppelung touristischer Übernachtungszahlen in der Region vorweisen kann. Der Donauberglandweg hat einen gewichtigen Anteil am Erfolg eines Tourismuskonzeptes, dessen Hauptaugenmerk auf Individualität und Qualität gerichtet ist.

Dem Bären auf der Spur. Ein empfehlenswerter Abstecher vom Donauberglandweg führt vom Donau-Zuflüsschen Bära auf die Höhe nach Gnadenweiler zur Wallfahrtskapelle *Maria Mutter Europas.*

**Werkforum und Fossilienmuseum
Holcim (Süddeutschland)**
Dormettinger Straße 27
72359 Dotternhausen
07427 79211
www.holcim.de/sued

Geologischer Lehrpfad durch den
Nusplinger Plattenkalk
Führungen auf Anfrage im Rathaus
07429 9310920
www.gemeinde-nusplingen.de

48 Alles beginnt mit einem langen Nichts
Dotternhausen – Fossilienmuseum

Unvergleichlich, so ein Spaziergang durch die Erdgeschichte. Ein eigenartiges Gefühl ist es schon, diese schräge Rampe zu betreten und mit jedem Schritt Jahrmillionen der Erdgeschichte zu durchwandern. Im Werkforum Dotternhausen des Baustoff-Multis Holcim sind sie auf genau 30 Meter geschrumpft.

Das *Erlebnis Zeitrampe* eröffnet dem Betrachter ganz ungewohnte Perspektiven und hinreichend Stoff zur Selbstreflexion. Denn alles beginnt mit einem langen Nichts. Die Entwicklung des Lebens hat in diesen ersten Phasen der räumlich umgesetzten geologisch belegten Erdzeit nämlich so gut wie keine Spuren hinterlassen. Die anhand von Fossilienfunden dokumentierte Zeitspanne von 524 Millionen Jahren macht gerade mal die letzten vier von 30 Metern Gesamtweg aus. Was der Ölschiefer des Lias epsilon – auch Schwarzer Jura genannt – dann allerdings in Hunderten von Vitrinen und Schaubildern im Fossilienmuseum freigibt, wird zur Metapher für irdische Evolution. In 200 Millionen Jahren hat sich die Sedimentschicht auf dem Grunde des Jurameeres zu ihrer jetzigen Dichte von gerade mal acht Metern Mächtigkeit zusammengepresst. Weil sich in diesem sauerstoffarmen Matsch die unterschiedlichsten Spezies, wenn auch meist platt gedrückt, so doch weitgehend in Form und Konsistenz erhalten haben, kann nun das vergleichsweise winzige Wirbeltier Mensch am Ende einer langen Kette des Lebens heute bestaunen, was sich vor Jahrmillionen auf »seiner« Erde ereignet hat. Wie kam der Kieselstein ins Krokodil? Was fressen Seelilien? Haben Saurier Eier gelegt oder lebende Junge zur Welt gebracht? Warum mussten Ammoniten in der Kreidezeit aussterben? Der Schieferbruch von Dotternhausen hat die Antwort auf ungezählte Fragen in ungezählten Fossilienfundstücken freigegeben. Das Werkforum Dotternhausen ist einer der Glanzpunkte im Geopark Schwäbische Alb.

Auch im Schieferbruch auf dem Westerberg zwischen Egesheim und Nusplingen hat das Jurameer fantastische Spuren hinterlassen. Ein beschilderter Rundweg mit instruktiven Schautafeln führt an die wissenschaftliche Grabungsstelle zu den »Meerengeln in der blauen Lagune«.

Sternwarte Zollern-Alb
Am Wasserturm 4
72348 Brittheim
07428 7169024
www.sternwarte-zollern-alb.de

49 Sternenreise über blauen Bergen
Brittheim – Sternwarte Zollern-Alb

Schauen und Staunen ist in Brittheim Programm. Wenn sich im schwindenden Licht über dem blauen Schattensaum der Alb der Abendstern erhebt, richten sich alle Fernrohre nach oben. Bis zu diesem ersehnten Moment waren sie eher auf den Pyramidenkegel des Hohenzollern fokussiert, der – für das bloße Auge deutlich erkennbar – das imposante Band der Südwestalb markiert.

Jetzt konzentrieren sich alle Teilnehmer auf den Star des Abends. »Die Venus«, freut sich ein kleiner Sterngucker. »Könnte auch die ISS oder irgendein anderer Satellit sein«, belehrt ihn ein Älterer. Und schon entspinnt sich im Schnupperkurs für angehende Hobbyastronomen auf dem Dach der Sternwarte Rosenfeld-Brittheim eine lebhafte Diskussion. Hier im ländlichen Abseits des Zollernalbkreises eines der modernsten Astro-Observatorien Europas zu finden, ist eine echte Überraschung. Zumal der Spagat zwischen Spitzenwissenschaft und Breitenbildung ausschließlich dem Idealismus von Amateurastronomen zuzuschreiben ist, einem Förderkreis begeisterter Sterngucker, denen es gelungen ist, mit Unterstützung aus Kommunal- und Landespolitik ein Fenster zu fernen Galaxien zu öffnen. »An einem idealen Standort und zugänglich für das breite Publikum«, meint Initiator und Vereinsvorsitzender Rolf Bitzer aus Albstadt und verweist auf wöchentliche Öffnungszeiten, Veranstaltungsreihen und Führungsangebote. Beste Voraussetzungen also, abseits von Lärm und Streulicht in den Dialog mit dem Weltall zu treten. Die Volkssternwarte Brittheim beherbergt unter ihren vier Kuppeln nicht nur eines der größten und leistungsfähigsten Spiegelteleskope Europas, sie verfügt auch über eine hervorragende radioastronomische Ausstattung. Funkkontakt mit der ISS? Wetterbild direkt vom Satelliten? Kameraexperiment im Sonnensturm? Kosmischer Verkehrsunfall? Wanderung durch die Gluthölle der Venus? Das Team der Sternwarte serviert nicht nur am Tag der Astronomie die ganze Bandbreite.

Was ist ein Himmelsapolyter? Yves Opizzo aus Haigerloch, mehrfach preisgekrönter »Meister der Sonnenuhren« und Mitglied im Brittheimer Sternwartenteam, hat das geniale Orientierungsinstrument gebaut. Zu bestaunen in der Sternwarte Zollern-Alb.

Schloss Haigerloch
Schloß 4
72401 Haigerloch
07474 6930
www.schloss-haigerloch.de

Atomkeller-Museum
Pfluggasse 5
72401 Haigerloch
07474 69727
www.haigerloch.de/Atomkeller

50 Stilvoll genießen in edlem Ambiente
Haigerloch – Restaurant-Hotel Schloss Haigerloch

Hoch oben in luftiger Höhe über dem pittoresken Felsen- und Flieder-städtchen Haigerloch führen Lukull und Apoll Regie in einem der re-nommiertesten Gastbetriebe im Zollernalbkreis. Die antiken Götter der guten Küche und der schönen Künste wachen in edler Eintracht gemein-sam über das Wohl der Gäste.

Auszeit vom Alltag in stilvollem Ambiente. Schloss Haigerloch bietet dazu den Rahmen. Unternehmensgründer und Kunstmäzen Paul Eberhard Schwenk hat mit dem Kauf des über 800 Jahre alten Schloss-areals vor über 40 Jahren eine Form der Gastlichkeit etabliert, die als Vermächtnis von seinen Erben weitergetragen wird. Ein versiertes Gas-troteam um Küchenchef Siegbert Kugler sorgt im wiederholt ausge-zeichneten Viersternehotel für das Wohlbefinden der Gäste. Nicht ein-mal der »Haigerlocher Schlossgeist« fehlt. Charmant präsentiert er sich zwischen mittelalterlichen Skulpturen, moderner Kunst und prächtigen Gemälden von seiner besten Seite in Gestalt zahlreicher hilfsbereiter und serviceerfahrener Mitarbeiter. Dass ein so anspruchsvolles Haus vor allem auch der »Kochbrigade« Höchstleistungen abverlangt, ist keine Frage. In der Schlossküche paart sich Kreativität mit Qualität. »Inspiration durch immer neue Impulse«, umschreibt Siegbert Kugler seine delikate Genusskonzeption und bringt mit dem Motto »leicht und frisch« auf den Punkt, was bei den Gästen ankommt. Die Kombination von Tagungshotel und Individualgastbetrieb fordert ihn immer wie-der aufs Neue heraus. Und neben der einfallsreichen, leichten Küche kommt nach Bedarf und Wunsch schon auch mal eine deftige Rinds-roulade oder eine gefüllte Kalbsbrust auf den Teller des Gastes. Eine exquisite Fischküche, Biokräuter aus dem eigenen Felsengärtchen oder saisonale Schmankerln wie die hauseigenen Spalierbirnen im Herbst sorgen auf der verlässlich gepflegten Speisekarte für so manchen Über-raschungseffekt.

Im Atomkeller-Museum unter dem Schlossberg erlebt man die Geschich-te der Kernforschung aus erster Hand. Ein Muss für historisch Interes-sierte.

Burg Hohenzollern
72379 Burg Hohenzollern
07471 2428
www.burg-hohenzollern.com

51 Die Prinzessin lässt bitten
Bisingen – Burg Hohenzollern

Das Licht der Wohltätigkeit reflektiert den Prunk des Grafensaales. Die Anzahl der flammenden Kerzen an den mächtigen Kronleuchtern wetteifert mit den strahlenden Augen der illustren Gästeschar. Das Haus derer von Hohenzollern gibt sich die Ehre und an die 300 hochrangige Adels-, Amts- und Würdenträger folgen der Einladung.

Das Septemberkonzert der Prinzessin-Kira-von-Preußen-Stiftung ist der absolute Höhepunkt im Jahreskalender der Burg Hohenzollern. Charity mit höchstem gesellschaftlichen Anspruch, die im zurückliegenden halben Jahrhundert schon an die 15.000 Kindern und Jugendlichen aus sozial benachteiligten Gesellschaftskreisen zuteilwurde. Für junge Menschen, die eine oder zwei Sommerferienwochen in einer der imposantesten Burganlagen Deutschlands erleben dürfen, ist ein wahrhaft königlicher Traum wahr geworden. Prinzessin Kira von Preußen, Gattin des Kaiserenkels Prinz Louis Ferdinand und Großfürstin aus der Zarenfamilie Romanow, hatte in den Nachkriegsjahren das Stiftungsziel auf den Erholungsaufenthalt von Kindern aus dem Großraum Berlin ausgerichtet. Mit ihrer Heirat übernahm Sophie Prinzessin von Preußen 2011 den Stiftungsvorsitz. Unter den jeweils etwa 200 jungen »Zollern auf Zeit« befinden sich Waisenkinder aus New York, deren Eltern dem Anschlag vom 11. September 2001 auf die Twin Towers zum Opfer gefallen sind. Und sogar das mutige Experiment einer israelisch-palästinensischen Gruppe Jugendlicher hat sich eindrucksvoll bewährt: Bestens versorgt mit allem, was dem leiblichen und dem seelischen Wohl förderlich ist, können die jungen Menschen das Leben auf der Burg kennenlernen und genießen. Die »Königskinder auf Zeit« wohnen im Wehrflügel über der Schlossschenke. Ein spannendes Ferienprogramm – von Burgführung über Ritterspiele und Ausflüge bis zur Eigenproduktion eines Musicals – sorgt für unvergessliche Erinnerungen.

Das Märchenschloss lädt ein: Unter den neun jährlichen Großveranstaltungen – vom Frühlingsfest über den Goldenen Herbst bis zum Weihnachtsmarkt – sind die *Sternschnuppennächte* im August mit sphärischer Illumination und Kleinkunstattraktionen eines der spektakulärsten Veranstaltungshighlights in der Region zwischen Neckar und Donau.

Bürger- und Verkehrsverein Tübingen
An der Neckarbrücke 1
72072 Tübingen
07071 91360
www.tuebingen-info.de

52 Träume vor der Blauen Mauer

Tübingen – Stadt der Dichter und Denker

Draußen vor den hohen Fenstergevierten wiegen sich die hohen Platanen im Gold der späten Abendsonne. Drinnen haben sich Gleichgesinnte nach ausgiebiger Besichtigung der Requisiten eines der Großen der Weltliteratur auf lederne Polster niedergelassen und lauschen.

Die Hölderlin-Gesellschaft macht diese Reminiszenz im einstigen Refugium des Dichters möglich. In einem der aus aller Herren Länder meistfrequentierten Besuchertreffpunkte des Landes ein Hauskonzert der Romantik zu erleben, ist auf Wunsch zu buchen. Dass die Begleitung des Sängers just auf dem Flügel erfolgt, auf dem Hugo Wolf seinem Tübinger Freundeskreis die neuen Kompositionen vorstellte, adelt das Arrangement. Die Turmführung zuvor ist natürlich ein Muss und nur noch zu toppen durch ein Stocherkahn-Lesekonzert auf dem Neckar. Da wartet der Scardanelli-Kahn schon am Steg vor dem Hölderlin-Garten und trägt Sie auf den Wellen des Neckars respektive den Flügeln des Geistes davon. Romantik pur ist die eine Seite dieser jungen, alten, kleinen, großen, lebhaften, träumerischen Stadt.

Die andere: lockere Gelassenheit, wie sie eine einstige Landesmetropole mit Universität von Weltrang ausstrahlt, in der die meisten der rund 92.000 Einwohner Student oder Studentin sind. Denn das hat Tübingen vielen anderen Städten voraus: Seit Graf Eberhard im Barte 1477 eine Universitätsgründung wagte – seinen Wahlspruch Attempto, »ich wag's«, trägt die Alma Mater noch heute mit Selbstbewusstsein –, hat der akademische (Frei-)Geist am Neckar seine Wiege. Die Liste der Absolventen des Evangelischen Stiftes oder des Collegium Illustre reicht von Kepler über Melanchthon bis Hegel, von Schelling über Schickardt bis Uhland und repräsentiert das Who's who der Denker, Forscher und Lehrer. Orte der Erinnerung wie den Hölderlinturm gibt es hier genauso viele wie Plätze, an denen man der Lust am Leben frönt. Und wer in Gedanken an die einstigen Tübinger Stifts-Scholaren auf den Österberg wandert, stellt fest, dass dem romantischen Bild von Tübingen ohne Mörikes »Blaue Mauer« etwas ganz Wesentliches fehlte.

Qual der Wahl – Stocherkahnrennen, Sommerinsel am See oder romantische Versenkung an einem der idyllischen Plätze? Tübingen bietet unzählige Möglichkeiten.

Outletcity Metzingen
Hugo-Boss-Platz 4
72555 Metzingen
www.outletcity.com

Metzinger Hofsteige
Am Klosterhof 2
72555 Metzingen
07123 41715
www.wein-metzingen.de

53 Lifestyle in der Tragetasche
Metzingen – Outletcity

Die Schnäppchenjagd in Metzingen gehört mittlerweile zum »Mythos Alb« wie der Wanderschäfer auf der Wacholderheide. Denn in der Outletcity am Albtrauf präsentiert sich typisch schwäbische Sparsamkeit auf höchstem Niveau. Der Run auf preisgünstige Premiumklamotten beschert der 22.000-Einwohner-Stadt mit jährlich drei Millionen kauffreudigen Gästen aus 185 Nationen satte Einnahmen und unverkennbar internationales Flair.

Lifestyle in der Tüte. Die Tragetasche mit Markensignet symbolisiert den Schnäppchenkauf als Erfolgserlebnis. Das Who's who der Modegiganten gibt sich in Metzingen die Ehre und Tausende zufriedene Kunden tragen täglich den Ruf der heimlichen Hauptstadt des internationalen Outlet-Shoppings werbewirksam in alle Welt. Das moderne Märchen begann in den 1970er-Jahren, als der Herrenschneider Hugo Boss seine Marke als Trendsetter edlen Männerzwirns aus der Taufe hob. Im Sog des Siegeszuges der Nobelmarke aus Metzingen avancierte der einstige Fabrikverkauf preisgünstiger Auslaufmodelle zur Quelle ungetrübten Kaufvergnügens. Die zündende Idee einer Liaison von Marke und Preisnachlass erwies sich als Magnet.

Inzwischen vereint die Outletcity vor Ort und online 500 Designer-Topmarken unter einem Dach. Metzingen darf sich mit seiner stadtplanerisch wie architektonisch stilvollen Outlet-Kultur europaweit als Metropole des Erlebniseinkaufs rühmen. Wie man eine gute Lage gewinnbringend nutzt, wissen die Metzinger übrigens von alters her. Die Stadt war über Jahrhunderte hinweg berühmt für ihren Weinanbau. Noch heute setzen die Metzinger Keltern im historischen Stadtkern attraktive Akzente. Die heimische Gastronomie hält Schritt mit ihren Winzern, und so kann der Gast – designertragetaschenbeladen, erschöpft und glücklich – bei einem vorzüglichen Tropfen entspannt genießen, was auf den sonnenverwöhnten Metzinger Albhängen gewachsen ist.

Die Metzinger Hofsteige in der »Sieben-Kelter-Stadt« serviert mit Geschichte, Kultur, Natur und Genuss ein Rundumprogramm um Oechsle und Kelter.

Stuttgart

Fernsehturm
Jahnstraße 120
70597 Stuttgart
0711 232597
www.fernsehturm-stuttgart.de

54 Zum Mond und zurück
Degerloch – Fernsehturm

»Einmal zum Mond und wieder zurück, diese Entfernung habe ich bestimmt schon zurückgelegt«, sagt der Fahrstuhlwärter. Zumindest Zigtausende an Kilometern Wegstrecke ist er auf den immer gleichen 150 Metern gefahren. Auf eben den 150 Metern, die der Aufzug des 1956 von Fritz Leonhardt erbauten Stuttgarter Fernsehturms zu erklimmen hat, um vom Fuß der eleganten Betonnadel auf dem Hohen Bopser die Plattform zu erreichen. Alle zwei Minuten saust an betriebsamen Tagen der Fahrstuhl mit einer Geschwindigkeit von fünf Metern in der Sekunde und in einer Zeit von 36 Sekunden auf die Plattform. Anders ist kein Hinaufkommen: Die 850 Stufen der Treppe sind dem Notfall vorbehalten. Fast lautlos und beinahe unmerklich gleitet der Aufzug gen Himmel. Er kann eine Last von 1.200 Kilogramm tragen.

Die wohl prominenteste Besucherin war die englische Königin. Als diese sich im Jahr 1965 ankündigte, wollte man einen guten Eindruck machen: Mit schönem grünem Rasen rund um den ersten Fernsehturm der Welt wollte Stuttgart glänzen. Speziell für diesen Tag hatte man Rollrasen besorgt, der jedoch durch die Lagerung sehr gelitten hatte. Also beschloss man kurzerhand, die ebenfalls kläglich braune Wiese vor dem Fernsehturm künstlich einzufärben. Während die Königin über einen roten Teppich schritt, soll sich mancher Ehrengast anschließend über grüne Flecken an seinen Schuhen gewundert haben …

Der Hund eines Ehepaares, so der Fahrstuhlwärter, beschloss einst, beim Halt im Café aus dem Fahrstuhl auszusteigen, statt mit Frauchen und Herrchen noch fünf Meter höher auf die Plattform zu fahren. Dumm daran war, dass der Hund an der Leine war – sein Leben rettete ihm, dass er an einer ausfahrbaren Langleine hing.

Es kommen Gäste. Die Türen schließen sich. Und der Fahrstuhlwärter macht sich auf den Weg, um zum zweiten Mal zum Mond zu fahren.

Die Stadt Stuttgart hatte den Fernsehturm 2013 geschlossen – wegen mangelndem Brandschutz. Nach umfangreichen Sanierungsmaßnahmen ist er seit 2016 wieder zugänglich. Einkehrmöglichkeiten bestehen seit 2024 sowohl im Panoramacafé als auch in der Eventlocation am Turmfuß.

Andrea Jenewein / Frank Rothfuß

Park ohne Namen
Zugang: Rebmannstrasse
70180 Stuttgart

55 Mit Messner zu den Riesen
Süd – Park ohne Namen

Er ist der Park ohne Namen. Die wenigsten kennen ihn. Und wer ihn kennt, weiß nicht, wie er heißt. Steil und urwüchsig ist er. Eingeklemmt von zwei Klingen, strebt er vom Stuttgarter Süden zur Neuen Weinsteige empor. Man muss nicht gerade Reinhold Messner sein, um ihn zu erklimmen, aber es schadet nicht, gut zu Fuß zu sein.

In Serpentinen ziehen Wege durch den Park. Links herum, rechts herum geht es vorbei an Terrassen, auf denen einst Rebstöcke und Blumen wuchsen. Die früheren Gärten und Weinberge gehören längst allen Stuttgartern. Auch wenn man hier selten jemanden trifft. Allenfalls die Nachbarn lustwandeln hier, führen ihre Hunde spazieren, zeigen ihren Kindern am Bach, wie man Dämme baut.

Man ist nicht weit weg vom Trubel der Stadt. Und ist doch mitten im Grünen. Und sogar ein bisschen in Amerika. König Wilhelm I. von Württemberg kaufte 1864 ein Pfund Mammutbaumsamen und ließ sie in den Parks der Stadt aussäen. Auch im Park ohne Namen. Dort steht nun ein Hain Mammutbäume. Riesig gewachsen, nicht mehr zu umarmen.

In dieser dicht bebauten Stadt, in der man überall Menschen trifft, selten seine Ruhe hat, ist der Park ohne Namen ein Zufluchtsort. Oft ist man hier allein. Und wird nicht nur damit belohnt, dass hier Stille herrscht, sondern auch mit fantastischem Ausblick auf die Innenstadt und die Karlshöhe.

Wer die Dunkelheit nicht scheut, sich nicht von Fledermäusen erschrecken lässt, sollte zu einem Abendspaziergang herkommen. Fast so weltenfern wie im Schwarzwald kann man sich vorkommen, dabei in den Kessel schauen und sehen, wie die Straßenlaternen angehen, orangefarben schimmern und wie allmählich Fenster für Fenster anfängt, gelb zu leuchten. Die Stadt rüstet sich für die Nacht und beginnt zu glänzen. Doch hier oben leuchten die Sterne, im Park ohne Namen.

Kirschen frisch vom Baum gibt es im Park ohne Namen. Aber bitte nicht zu viele Früchte pflücken, es soll ja für alle reichen. Das gilt auch für die Äpfel.

Such & Find
Mozartstraße 38
70180 Stuttgart
0711 6071011
www.suchundfind-stuttgart.de

56 Ein Paradies für Jäger und Sammler
Süd – Such & Find

Im Stapeln macht Jörg Trüdinger und Marco Cini niemand etwas vor. Ihr Laden Such & Find in einer ehemaligen Bäckerei ist ein Raumwunder, für jedes Auto, jede Lok, jedes Buch, jeden Comic und jedes Spielzeug finden sie einen Platz. Doch Besuch aus Japan brachte sie an ihre organisatorischen Grenzen. Der Sender BS-TBS aus Tokio kam vorbei, sieben Frau und Mann hoch drängte das Team in das Labyrinth aus Schränken und Regalen. Doch wohin mit zwei Kameraleuten, einem Tontechniker, zwei Moderatoren und einer Dolmetscherin, wenn gerade eine Schulterbreite Platz ist in den Gängen? So ging's im Gänsemarsch voran.

Nun wissen auch die Japaner, dass Trüdinger und Cini seit 1994 im Heusteigviertel Schätze horten, einst Geliebtes und sofort Verschmähtes hält dort Einzug. Und harrt der Sammler und Jäger, die es entdecken und mitnehmen. Kinder kaufen für ihr Taschengeld Legosteine, Zugnarren für Tausende von Euro rare Loks von Märklin. Auch beim Geschäft mit der Abwrackprämie mischten sie mit: Wer ein Modellauto im Wert von mindestens zehn Euro kaufte, bekam für den alten Modellwagen 2,50 Euro angerechnet.

Auch ein Mitarbeiter des Senders BS-TBS ist Kunde bei Such & Find. Alle Jahre wieder kommt er nach Stuttgart und kauft Modellautos. Von Schüco und Wiking. So verbreitete sich die Kunde von den Zehntausend Auto- und Eisenbahnmodellen, die in Stuttgart lagern, bis nach Tokyo. Weil der Sender eine Serie über Sammler drehte, machten sich die japanischen Fernsehleute auf ins Schwäbische. Die Moderatoren Toru Komoryia und Jotaru Takayasu waren völlig verblüfft, als sie erfuhren, dass Trüdinger die gut 100.000 Schätze nicht im Computer speichert. Sein Bekenntnis: »Wo was ist, habe ich auf Listen oder im Kopf«, wollten sie nicht glauben. Besonders erstaunt im technikgläubigen Japan offenbar ein Gedächtnis »made in Germany«.

Nach Schätzen, Kostbarkeiten und Gebrauchtem stöbern kann man auch jeden Samstag beim Flohmarkt auf dem Karlsplatz in der Stuttgarter Innenstadt.

Ratzer Records Plattencafé
Hauptstätter Straße 154
70178 Stuttgart
0711 616352
www.ratzer-records.de

57 Musik zum Schlürfen
Süd – Ratzer Records Plattencafé

Wenn Geschäftsinhaber auch nur leise psychologische Kenntnisse haben, dann sorgen sie dafür, dass in ihrem Haus eine kleine Espressobar ist, an der sich die Männer niederlassen können. Dort harren diese friedlich aus, und ihre Begleiterin kann nach Lust und Laune einkaufen. Bei Ratzer Records ist das andersrum: Den Plattenladen steuern vor allem Männer an – oft in Begleitung ihrer Herzensdame. Denn Karl-Heinz Ratzer verkauft nicht nur Platten, sondern betreibt im Laden auch ein Café. Während man(n) nach Platten schaut, kann frau sich am Milchkaffee erfreuen – oder, um endlich mit den Klischees zu brechen, mit dem Kaffee gleich noch zielsicher eine Platte erstehen.

Brigitte Ratzer führt das kleine Café. Schon früher arbeitete sie mit ihrem Mann zusammen in dem kleinen Plattenladen, damals noch an der Paulinenstraße. Lange spannen sie den Traum, zusätzlich zum Plattenladen ein Café zu eröffnen. Den erfüllten sie sich in ihrem Geschäft am Rande der Altstadt, mit dem sie mittlerweile in die Nähe des Marienplatzes umgezogen sind.

Die Stammkunden wissen, was sie an ihrem Plattenladen haben. Und an Karl-Heinz Ratzer. Selten verlässt man seinen Laden, ohne über den VfB und die Stadtpolitik geplaudert zu haben. Und über Musik. Ratzer weiß, was seine Kunden hören wollen. Kaum betritt man den Laden, bringt er einen Stapel Platten: »Das musst du hören!« Sollten sie nicht gefallen, dürfen die Kunden sie wieder zurückbringen. Im Laden läuft freilich immer Musik. Ein Gast freut sich: »Mensch, Kyuss zum Kaffee, das ist ein Traum.« Ja, ein Heißgetränk, um den Staub des Wüstenrocks hinunterzuspülen, schadet nicht. Tatsächlich stellt sich Stuttgart oft als Wüste dar, geht es um solch großstädtische Ladenkonzepte. Es hat was, am großen Schaufenster zu sitzen, einen Milchkaffee zu schlürfen, guter Musik zu lauschen – und die Platte, wenn sie gefällt, gleich mitzunehmen. Doch selten bleibt es bei einer …

Regelmäßig finden im Plattencafé Live-Akustikshows statt, denen man bei hausgemachten Snacks lauschen kann.

Marienplatz
70178 Stuttgart

Gelateria Kaiserbau
Marienplatz 14
70178 Stuttgart
0711 6338383

58 Der Streit um das Nichts
Süd – Marienplatz

Am bewölkten Himmel ist ein Flugzeug zu sehen. Es fliegt wohl zu hoch, als dass die Passagiere erkennen könnten, dass der Marienplatz aus der Luft wie ein Hufeisen aussieht.

Von der Hohenstaufenstraße aus, die sich vom Fuße der Karlshöhe bis zum Marienplatz herunterzieht, wirkt er eher wie der Schlund eines gefräßigen Tieres: Die Betonfläche ist die gähnende Leere des Mauls, die hohen, eleganten Jahrhundertwendehäuser, die sich an dessen Rand die Hänge hinaufziehen, scheinen bedrohliche Reißzähne zu sein. Der Marienplatz liegt so eingekesselt da wie Stuttgart selbst, wodurch seine Leere und Weite besonders ins Auge fallen.

Doch selbst über das Nichts lässt sich vortrefflich streiten. Als der im Jahr 1876 angelegte Marienplatz 2003 neu gestaltet wurde und die bisher den Platz dominierenden Bäume einer Betonfläche weichen mussten, protestierten viele Stuttgarter gegen die Leere – denn einen so leeren Platz kannten die Stuttgarter bisher nicht.

Eilende Menschen streben dem U-Bahn-Schacht zu. Darunter liegt die Unterwelt, zu der auch der Nesenbachkanal gehört. An ihn erinnert das Wasserspiel *Fontäne*.

Andererseits bietet der Platz auch die Möglichkeit für Höhenflüge. Die Haltestelle der Zahnradbahn, der Zacke, liegt etwas am Rand des Platzes. Dort sitzt ein Mann. Er sitzt einfach da, ganz ruhig, mit einem Blick, der das Glück in der Leere zu finden scheint.

»Hier fehlt nichts«, sagt er. »Die Kleinen haben hier mehr als genug Platz zum Rumrennen, Planschen, Basketballspielen und Skateboardfahren.« Auch die Erwachsenen nutzen den Platz, sie tummeln sich in den Straßencafés, besetzen aber auch die Treppen. Alle kommen auf den Platz: Geschäftsleute, Flaneure, Arbeiter, Schüler, und ja, auch Säufer, zudem Eisesser und Touristen. »Sie alle«, sagt der Mann, »füllen die Leere.«

In der Eisdiele Gelateria Kaiserbau gibt es nicht nur hausgemachtes Eis. Hier ist der beste Frozen Yoghurt der Stadt zu haben, mit einfallsreichen und ausgefallenen Mixturen.

Café Galao
Tübinger Straße 90
70178 Stuttgart
0711 41000140
www.galao-stuttgart.de

59 Sitzen wie im Himmel
Süd – Café Galao

Psst! Psst! Nicht weitersagen! Eigentlich wollen wir ihn gar nicht verraten, diesen Lieblingsplatz. Denn wer lässt schon gern jeden in sein Wohnzimmer? Genau das ist für viele Stammkunden das Galao im Stuttgarter Süden. Das kleine, gemütlich-kruschtelige Café hält, was sein Name verspricht – ist doch Galao in Portugal eine Mischung aus Espresso und heißer Milch. Wie verkleckste Milchwölkchen nämlich machen sich die Schaffelle aus, die die Bänke, Sessel und Sofas bedecken.

Auf diesen Wölkchen sitzen keine Engel, sondern Nachbarn sowie Szenegänger, und auch der Friseur aus dem Viertel schaut gern mal vorbei, um sein Mittagsmahl unter einem der Sonnenschirme einzunehmen – zumindest solange keine grauen Wölkchen am Himmel sind.

Manchmal sind gar Harfen zu hören. Meist aber eher Gitarren. Im Galao wird nicht nur gegessen und gequatscht, sondern auch gelauscht. Hier wird Musik gemacht. Die Bühne ist zwar klein, der Wirt Rainer Bocka lässt sich davon nicht stören und holt Woche für Woche lokale und internationale Bands in seinen Laden. Angekündigt auf fantasievollen Flyern. Die bunt sind und verkleckst wie das Galao selbst.

Bekannt sind die Bands selten, aber interessant meist. Und man kann vorbeischauen und zuhören, ohne arm zu werden. Eintritt verlangt Rainer Bocka keinen. Jeder Gast zahlt, was er geben möchte oder kann. Ein Konzept, das unter Schwaben nicht ungefährlich ist. Doch es kommt an. Oft ist es proppenvoll, wer zu spät kommt, muss sich hineinquetschen. Heiß ist es dann. Wie Schneeengel machen sich von außen die Körper der Zuhörer aus, die beim Anlehnen an das kühle Glas ihren Abdruck auf den beschlagenen Fenstern hinterlassen. Das Galao ist ein Ort für Entdecker und Wolkenschubser. Aber pssst. Bitte nicht weitersagen!

Jede Woche gibt es Live-Konzerte bei freiem Eintritt. Ein kleiner freiwilliger Obolus ist natürlich willkommen.

Karlshöhe
Humboldtstraße
70178 Stuttgart

Biergarten Tschechen und Söhne
Humboldtstraße 44
70178 Stuttgart
0711 6744064

60 Der Volkshügel

West – Karlshöhe

Das ist die Höhe. Die Karlshöhe. Wie ein mit Moos bewachsener Schildkrötenpanzer erhebt sie sich zwischen dem Stuttgarter Süden und Westen. Eine grüne Insel inmitten des Häusermeers. Von allen Seiten branden Straßen heran, Parks gibt es in einem der am dichtesten besiedelten Stadtquartiere Europas keine, hier wird jede Freifläche zugebaut, Bauplätze sind rar, teuer und begehrt. Genauso wie Wohnungen mit Balkon. Wer im Sommer der Hitze zwischen den Häusern entkommen möchte, der flieht auf die Karlshöhe. Und sitzt auf einer Wiese zwischen Reben, unter Bäumen oder auf der Aussichtsplattform im Biergarten *Tschechen und Söhne*, Nachfolger der *Milchbar*. Einst stand hier ein Sommerhaus.

Es gehörte Julie Siegle, der Witwe von Gustav Siegle. Jenem Fabrikanten, der einst die Karlshöhe gekauft hatte. 1871 war das, als die Karlshöhe längst als Millionärshügel bekannt war. Gebaut hatte hier zunächst Farbenfabrikant Rudolf Knosp, ein zweistöckiges, heute noch stehendes Gartenhaus aus Holz. Paläste der Industriellen folgten, etwa die Villa Spemann, die dem Verleger Wilhelm Spemann gehörte, Chef der Julius Weise Hofbuchhandlung und Union Deutsche Verlagsgesellschaft.

Und dann kam Siegle, Geld hatte er reichlich, seine Firma ging später in der BASF auf. Er baute für seine Tochter Dora die Villa Gemmingen, die heute noch von der Pracht jener Zeit kündet. Anders als Siegles Villa, die im Krieg zerstört und 1953 abgetragen wurde. Auch der SDR residierte hier. Als der Sender sein Gelände in den 50er-Jahren mit der Stadt tauschte, in den Park der Villa Berg zog, gehörte die Karlshöhe allen. Auch heute ist sie ein Volkshügel. Die Menschen picknicken, spielen Volleyball, schauen auf die Stadt, flanieren, führen ihre Hunde Gassi, genießen den Luftzug, der über den Schildkrötenrücken streicht. Die Stuttgarter sind gern auf der Höhe. Ihrer Karlshöhe.

Es gibt keinen besseren Ort für ein Picknick mitten in der Stadt. Man sitzt zwischen Reben und Bäumen im Grünen und schaut auf den Stuttgarter Süden.

Andrea Jenewein / Frank Rothfuß

Städtisches Lapidarium Stuttgart
Mörikestraße 24/1
70178 Stuttgart
0711 21625800
www.stuttgart.de/lapidarium

61 Der Ort der vergnügten Ehe

Weder die sterblichen Überreste noch das Grab sind erhalten geblieben. Aber ein Stein. Er überdauerte alles. Bemoost und behäbig liegt er im städtischen Lapidarium im Stuttgarter Süden. Er ist der Grabstein einer 18-jährigen Frau. Auf ihm hat ihr Witwer verewigen lassen, dass man eine »höchst vergnügte Ehe« geführt hatte.

Das ist allerhand in pietistischen Gefilden. Aber Steine verewigen nicht nur starke Gefühle, sie wecken sie auch. Etwa der *Apollo von Belvedere*, der im Stuttgarter Lapidarium als Künstlerkopie des 19. Jahrhunderts steht. Die Statue des jungen Gottes traf den Dichter Johann Wolfgang von Goethe bis ins Innerste. Ergriffen schrieb er: »Mein ganzes Ich ist erschüttert, das können Sie dencken, und es fibriert noch viel zu sehr, als daß meine Feder stet zeichnen könnte. Apollo von Belvedere, warum zeigst du dich in deiner Nacktheit, daß wir uns der unsrigen schämen müssen?«

Hüllenlos zeigen sich auch etliche der rund 200 weiteren Plastiken des Lapidariums, das in einer Parkanlage liegt, die Carl von Ostertag-Siegle im Jahr 1905 anlegen ließ. Etwa die *Schlafende Diana*, die sich ebenfalls ihrer Nacktheit nicht schämen muss – und die Kunststudenten beim Zeichnen besonders bevorzugen.

Denn trotz all der Verweise auf die hehre Kunst übertreibt man es im Lapidarium nicht mit der Musealisierung. Dort versteinert kein Besucher vor lauter Ehrfurcht. Rentner halten zwischen Johann Heinrich von Danneckers Wald- und Wiesennymphen Vesper, Kinder spielen zwischen den Überresten zerstörter oder abgerissener Bauten der Stadt Verstecken, Liebende sitzen vergnügt an Steinzeugen gelehnt und werden fast Teil der historischen Staffage.

Aber freilich nicht zu vergnügt. Nackt ist hier keiner. Außer den Statuen. Aber die können es sich ja leisten.

Das Lapidarium ist im Frühjahr und Sommer geöffnet, der Eintritt ist frei. In den Sommermonaten finden im Garten zahlreiche Veranstaltungen statt.

Oscar-Heiler-Staffel

Oscar Heiler
*1906 †1995
Schauspieler und Humorist

**Oscar-Heiler- und
Willy-Reichert-Staffel**
Unterhalb der Karlshöhe
70178 Stuttgart

62 Die Kultkomiker Häberle und Pfleiderer
West – Oscar-Heiler- und Willy-Reichert-Staffel

Im Tode sind sie wieder nah beinander. So fern sie sich im richtigen Leben auch waren. Der Oscar Heiler (1906–1995) hat den Willy Reichert (1896–1973) stets gesiezt, duzen durfte er seinen Bühnenpartner nie. Gingen sie ein Viertele trinken, zahlte jeder selbst. Doch unterhalb der Karlshöhe ist das Komikerduo Häberle und Pfleiderer wieder vereint. Ihre Heimatstadt hat die großen Komödianten geadelt: In England bekommt man den Hosenbandorden, in Stuttgart eine Staffel. Nur wenige Meter auseinander liegen die Oscar-Heiler-Staffel und die Willy-Reichert-Staffel. Zurufen könnten sie sich und über den Weltenlauf sinnieren: Soso, jaja!

40 Jahre lang währte ihre Symbiose. In 200 Stücken gaben sie ihre Figuren, Reichert spielte den Besserwisser Pfleiderer, Heiler den Spießer Häberle. Damit prägten sie so sehr das Bild der Schwaben, dass keiner mehr weiß, wer zuerst da war, der Schwabe oder Häberle und Pfleiderer. Dabei hassten sie nichts mehr, als reduziert zu werden auf das Klischee des schwäbelnden Provinzlers. Am Alten Schauspielhaus spielten sie in der Dreigroschenoper, vor den Augen von Bert Brecht und Kurt Weill. Reichert soll daheim nur Hochdeutsch gesprochen haben. Wer seine Treppe hochjapst, sollte darauf achten: Es ist eine Staffel, kein Stäffele!

Heiler sagte einst, er wäre beleidigt gewesen, »wenn mir einer gesagt hätte, du wirst mal ein schwäbischer Komödiant«. Er war viel mehr als das. Er war ein Rebell, der als Bub die rote Fahne aus dem Fenster hängte und als Anhänger der Freikörperkultur provozierte, der Monogamie für Unsinn hielt. Und er war ein Philosoph. »Melancholie ist die schwäbische Gemütskrankheit«, hat er erkannt. »Wir Schwaben sind gemütlich, aber das ist das In-Sich-Gehen, 's Brettlesbohren. Die Melancholie ist der Bruder der Heiterkeit. Die Menschen, die nicht weinen können, können auch nicht lachen.«

Wer Häberle und Pfleiderer nicht kennt, der sollte mal bei Streaming-Portalen im Internet stöbern. Dort findet man allerlei Sketche des Duos.

Rock Star Photo Gallery
of Duncan Smith
Senefelder Straße 56
70176 Stuttgart
0173 1600450
www.duncansmith.de

63 Zwischen Punk und Buckingham Palace
West – Rock Star Photo Gallery of Duncan Smith

Der Earl Grey dampft in der geblümten Kugelkanne. Die kreisrunden Ingwerkekse türmen sich kunstvoll auf der Etagere. Der Mann mit dem kleinen runden Hut auf dem Kopf nimmt einen davon und schiebt ihn sich in den Mund. Seine Wangen wölben sich nach außen, während er genüsslich kaut. Der Mann ist Engländer. Er stammt aus London. Wie er da so auf seinem Chesterfield-Sofa im viktorianischen Stil sitzt, bei Tee, Keks und mit Bowler, ist das ein rundes Bild, ein stimmiges Bild.

Doch eigentlich ist Duncan Smith Herr über rechteckige Formate. Sie hängen über seinem Kopf an der Wand, prangen an den Wänden und stehen auf dem Boden zu seinen Füßen. Bilderrahmen. Bilderrahmen mit Fotografien. Die meisten sind Schwarz-Weiß-Aufnahmen, und alle zeigen Musiker. Immer bekannte Musiker, oft bereits verblichene Musiker. Die Heroen des Rock 'n' Roll. 2010 hat Duncan Smith seine Rock Star Photo Gallery of Duncan Smith in der Senefelder Straße im Stuttgarter Westen eröffnet. Die erste und einzige Rock-'n'-Roll-Fotogalerie in Stuttgart. Wahrscheinlich sogar die einzige in ganz Deutschland, wie er stolz sagt.

Importiert hat er das Modell aus London – so wie den Tee, die Kekse und den Bowler, sein Markenzeichen. Seitdem ist er ständig wie ein Schatzsucher auf der Jagd nach Fotografen, deren Bilder er in seiner Galerie ausstellen und verkaufen kann. Verschiedene Künstler hat er in seinem Repertoire.

»Die gehen am besten«, sagt der gebürtige Londoner und zeigt auf ein Bild von den jungen Rolling Stones, wie sie mit der Kippe in der Hand vor dem Buckingham Palace stehen. Dort, irgendwo zwischen Punk und Buckingham Palace, da bewegt Duncan Smith sich mit seiner Galerie. Da ist das alte, vornehme England zu spüren, aber auch das Schmutzig-Verruchte des Londoner Undergrounds.

Einfach reinschauen. Hausherr Duncan Smith freut sich und ist immer für einen Plausch zu haben. Am liebsten natürlich über Musik und Fußball.

Paternoster im Stuttgarter Rathaus
Marktplatz 1
70173 Stuttgart
0711 2160
www.stuttgart.de/rathaus/besucher/

Literaturhaus Stuttgart
Breitscheidstraße 4
70174 Stuttgart
0711 2202173
www.literaturhaus-stuttgart.de

64 Kopfüber
Mitte – Paternoster im Stuttgarter Rathaus

Eigentlich weiß ich es besser. Aber ein letzter Zweifel bleibt doch. Was, wenn die Kabinen des Paternosters im Stuttgarter Rathaus sich nach dem obersten Stockwerk umdrehen und kopfüber hinunterfahren?

Dass es den Paternoster noch gibt, verdanken die Stuttgarter ihrem ehemaligen Oberbürgermeister Wolfgang Schuster. Denn als das Rathaus 2003 umgebaut wurde, gab es Pläne, ihn stillzulegen. Doch Schuster setzte sich für seinen Erhalt ein.

Ich steige in eine Kabine, in der eine Frau steht. Sie sieht kaum auf. Stattdessen hat sie ihren Blick in einem Buch, in dem sie liest. Oder vielmehr: aus dem sie vorliest. Laut. »… gemeinsam mit den Fruchtfliegen, die im Lauf der letzten Woche bei mir eingezogen sind, überlege ich, was die Überraschung wohl sein könnte«, hallt ihre Stimme dumpf in dem kleinen Holzkasten wider. Langsam geht es nach oben.

Dann stecken wir plötzlich fest. Die Frau liest unbeirrt weiter. »Sind Sie schon mal mit dem Paternoster über das oberste Stockwerk hinausgefahren?«, unterbreche ich sie. Sie lässt das Buch sinken. »Ja«, sagt sie. Und dann: »Fahren Sie doch mit.« Mit einem Ruck setzt sich der Paternoster wieder in Bewegung.

Je höher wir kommen, desto mehr bin ich versucht, ein Stoßgebet gen Himmel zu schicken. Passend wäre es, heißt doch Paternoster übersetzt »Vaterunser«. Und tatsächlich verdankt der Aufzug seinen Namen einem anderen Gebet, dem Rosenkranz – denn wie die Perlen an der Kette sind auch die Kabinen des Paternosters angeordnet.

Den vierten Stock haben wir passiert. Es ruckelt, als die Kabine umsetzt – ohne sich umzudrehen –, bevor wir langsam wieder nach unten gleiten. Die Frau stellt sich mir als Silke Hegemann vor. Sie hat in dieser Nacht, in der Stuttgart die Lange Kulturnacht begeht, die Besucher im Paternoster mit Geschichten beglückt. Und sie hatte den Mut, im Zweifel auch kopfüber zu lesen.

In offenen Kabinen himmelwärts fahren, das kann man nicht allein im Rathaus. Im Literaturhaus im Bosch-Areal kreist auch ein Paternoster.

Designhotel und Restaurant
Der Zauberlehrling
Rosenstrasse 38
70182 Stuttgart
0711 2377770
www.zauberlehrling.de

65 Auf Wolke sieben
Mitte – Designhotel und Restaurant Der Zauberlehrling

Auf der Wolke sieben kann man schlafen. In der Titanic nächtigen. Mondschau halten. In der Black Box dämmern. In der Media Suite sich einlullen lassen. In Paddington von Miss Marple träumen. In der Hermitage einsiedeln. Oder tausendundeine Nacht schlummern. Mindestens. Denn eigentlich möchte man den Zauberlehrling gar nicht verlassen. Diesen Traum von einem Hotel.

>*Walle! walle / Manche Strecke, / Dass, zum Zwecke, /*
>*Wasser fließe. / Und mit reichem, vollem Schwalle /*
>*Zu dem Bade sich ergieße.«*

So dichtet Goethe. Und erzählt die Geschichte vom Zauberlehrling, der alleingelassen Unfug treibt. Zauberlehrling, so hieß auch die Besenwirtschaft, die einst unten in dem Haus an der Rosenstraße zum Viertele einlud. Als Karen und Axel Heldmann hier im Bohnenviertel ihr Hotel und ihr Restaurant einrichteten, fanden sie den Namen charmant, sie übernahmen ihn als Reminiszenz und als Verpflichtung, die Gäste zu verzaubern. Die kleinen Anspielungen auf das Gedicht finden sich übrigens immer wieder in den 17 Zimmern. Aber da muss man genau hinschauen. Wie es überhaupt ein Hotel für Entdecker ist. Hier hat eine Glühbirne schon mal Flügel. Und Vögel nisten im Kronleuchter. Womöglich sind hier Magier am Werk? Das wäre ja kein Wunder, am Grund des Zauberkessels.

Abrakadabra. Dreimal schwarzer Kater. Ist's der Hexenmeister oder sind's die vielen guten Geister? Die Zimmer sehen aus wie von Zauberhand berührt. Keines ähnelt dem anderen. Alle haben sie ihr eigenes Motto, erzählen ihre eigene Geschichte. Und wenn man in der blauen Stunde die Augen schließt und aufmerksam lauscht, kann man eine Stimme flüstern hören:

>*In die Ecke, / Besen! Besen! / Seids gewesen. / Denn als Geister / Ruft euch nur, zu diesem Zwecke, / Erst hervor der alte Meister.«*

Zum Zauberlehrling gehört auch ein Restaurant mit gehobenem Anspruch. Und in einer Kochschule kann man lernen, wie man Gerichte zaubert.

Sünderstaffel
Verlängerung Pfizerstraße.
70184 Stuttgart

Café Hüftengold
Olgastraße 44
70182 Stuttgart
0711 2486988
hueftengold.de

Die Himmelsleiter

Ich bin ein Sünder. So denkt der Pietist und glaubt, nur Mühsal bringe ihn Gott näher. Da ist es folgerichtig, dass sich diese gestrenge Spielart des Protestantismus in Stuttgart zu Hause fühlt. Hier kann man schließlich im Diesseits auf den Himmelsleitern dem Paradies entgegenkrauchen. 30 Staffeln, Stäffele genannt, und unzählige Stiegen führen vom Kessel hinauf zum Rand. 18.388 Treppenstufen sollen es sein. 18.388 Möglichkeiten, zu bereuen. Mit jedem Tritt kann man Last abwerfen. Erste Stufe, Binokel gespielt, zweite Stufe, Trollinger getrunken, dritte Stufe, geschmunzelt – so schleppt man sich 260 Stufen lang dem Himmelreich entgegen, bis man alle Schuld hinausgeschnauft hat.

Völlig klar, dass da eine Treppe Sünderstaffel heißen muss. Oder ist die Erklärung eine äußerst schaurige? Der Streit zweier Adliger um das schöne Mädchen Hilde soll damit geendet haben, dass Hans Rugger im Jahre 1339 seinen Nebenbuhler erstach. Karl Gerok drechselte daraus fünf Jahrhunderte später seine Moritat *Die Weinberghalde zum Sünder*.

Darin schrieb er, Rugger wollte auf dem Land der Väter hingerichtet werden. Unterhalb der Gänsheide. Gerok: »Dann setzt er sich nieder aufs Mäuerlein, wo sein Vater den Wingert gebauet.« Der Henker hieb zu. Gerok: »Auf Kinder und Kindeskinder, benannt man die Halde zum Sünder.«

In der Tat steht ganz oben ein Gedenkstein. Eingehauen sind zwei Zitate aus der Bibel. »Was die Gottlosen gerne wollen, das ist verloren«, und »Sündige hinfort nicht mehr«. Stimmt also die Sage? Helmut Dölker liefert in seinem Buch *Flurnamen der Stadt Stuttgart* eine profanere Erklärung. Er vermutet, der Stein sei der Rest einer Kreuzigungsgruppe. Und der Name der Flur stamme von einem früheren Besitzer, der Sünder hieß. Kein Mord. Wie langweilig. Andererseits, sind in der »Hauptstadt des Pietkong« nicht alle Sünder?

Wer die Pfunde auf der Sünderstaffel purzeln ließ, kann hernach im Café Hüftengold einkehren und wieder zu Kräften kommen.

Schlossplatz
70173 Stuttgart

Neues Schloss Stuttgart
Schlossplatz 4
70173 Stuttgart
www.neues-schloss-stuttgart.de

67 Ein Herzog als Erpresser
Mitte – Schlossplatz

Es schminkt sich alt. Zu gerne wäre es ein Greis. Aber das Neue Schloss sieht nur uralt aus. In Wirklichkeit ist es ein Grünschnabel. Nach den Zerstörungen aus dem Krieg wurde es 1964 wiederaufgebaut. Von außen glückt die Camouflage, da glaubt man, das Schloss sei jener Barockbau, für den Herzog Carl Eugen 1746 den Grundstein legen ließ. Doch der Schein verfliegt, stößt man die Türen auf zum Flügel, der an den Schlossgarten grenzt. Büros sind hier, und schaut man hinein, sieht man statt Nymphen Aktenordner, statt Deckengemälden Wandkalender, statt Büsten Computer. Von außen lockt Barock, von innen droht die Bürokratie. Wer hierherkommt, hält seinen Geldbeutel unwillkürlich fester, damit ihm ja nichts stibitzt wird. Hier arbeiten die obersten Steuereintreiber des Landes, die Beamten des Finanzministeriums.

Da hat sich nicht viel geändert. Schon immer hatten es die Schlossherren auf das Geld ihrer Bürger abgesehen. Das Neue Schloss ist letztlich nichts anderes als das Resultat einer Erpressung. Carl Eugen wurde mit 16 württembergischer Herzog und war ein adeliger Halbstarker, der von seinen Bürgern eine »standesgemäße, seiner fürstlichen Dignität convenable und dem Umfang Dero Hofstaats hinlängliche Wohnung« verlangte. Andernfalls werde er die Residenz nach Ludwigsburg verlegen. Die Drohung wirkte. Stadt und Stände gaben Geld.

Das Schloss besetzten immer die Herrschaften, der Platz davor aber gehört den Bürgern, die volkstümlichem Vergnügen frönen. Sonnenbaden, Fußballspiele oder Trickfilme auf riesigen Leinwänden schauen, ein, zwei, drei Bier trinken, übers Sommerfest flanieren oder Konzerten lauschen. Manchen ist der Rummel zu groß. Still und starr hätten sie gerne den Platz und begründen dies mit dessen vorgeblicher Würde. Doch er liegt mitten in der Stadt – und damit mitten im Leben.

Den Weißen Saal hat man in altem Glanz wiederhergerichtet. Man kann ihn mieten.

Hauptbahnhof
Arnulf-Klett-Platz
70173 Stuttgart

Biergarten im Schloßgarten
Am Schlossgarten 18
70173 Stuttgart
0711 2261274
biergarten-schlossgarten.de

68 Der Zankapfel
Mitte – Hauptbahnhof

Ein Gleichgewicht wollte er schaffen, der Architekt Paul Bonatz. Neben seiner quer daliegenden Bahnhofshalle sollte es in die Höhe gehen. In dem Gebäude eilen unten jeden Tag 200.000 Menschen zu ihren Zügen, während 56 Meter weiter oben die Plattform auf dem Bahnhofsturm zur Aussicht lädt.

Wo eine Oase ist, ist eine Fata Morgana nicht fern. In unseren Breiten heißt etwas, das in der Ferne wabert und doch zum Greifen nah scheint, Vision. Nicht nur, dass die Plattform die Sicht auf eine Vision gestattet, diese verdankt dem Ausguck ihre Existenz: Dort war vor dem geistigen Auge des damaligen Bahnchefs Heinz Dürr das Projekt Stuttgart 21 erschienen. So wurde der Turm von der Abstellkammer zur Präsentationsfläche für Stuttgart 21. In der Ausstellung wird der tiefer gelegte Bahnhof gefeiert, und von oben kann der Besucher das Areal betrachten. Noch ist der neue Stadtteil nicht Realität, liegen die Gleise nicht unter dem Boden, noch tauchen die Züge aus der Ferne auf, ehe sie in den Bahnhof fahren. Sie schweben heran, das Rattern der Räder und Quietschen der Bremsen dringt nicht in die Höhe. Woher sie kommen und wohin die Züge fahren, kann man nur raten. Das erhält die Illusion, der ICE da unten bringe einen nach Paris, in Wahrheit fährt er vermutlich nach Magdeburg.

Hier oben ist auch der Streit weit weg. Ihren Bahnhof behalten wollten die einen, die anderen schwärmten von der Vision. Man stritt sich, als ginge es um Leben und Tod. Es knallt, wenn schwäbische Dickköpfe aufeinanderprallen. Übrigens sind auch die Künstler hier hartnäckig. Einige von ihnen waren auf den Turm gekraxelt und hatten den Mercedes-Stern zum Friedenszeichen umgestaltet. Daraufhin baute man einen Käfig um die Plattform. Dass ja keiner wieder auf so eine Idee käme und so viel Frieden stifte. Der Rest liegt in der Zukunft ...

Eine zuverlässige Adresse ist der Biergarten im nahen Schlossgarten. Ist die Grünfläche auch oft Treffpunkt von widerstreitenden Gruppierungen bietet der Selbstbedienungsservice stets Verpflegung für Einheimische und Gäste, Jung und Alt, Groß und Klein gleichermaßen. Regelmäßige Events bieten gemeinschaftliche Hochgefühle.

Andrea Jenewein / Frank Rothfuß 153

Chinagarten
Ecke Birkenwald- und Panoramastraße
70174 Stuttgart
www.chinagarten-stuttgart.de

69 Ein Ausflug zu Jim Knopf und Li Si
Nord – Chinagarten

Fast schon wirkt er künstlich, so unwirklich schön ist er – doch der typisch südchinesische Garten in Stuttgart ist ein aus China stammendes Original. Dennoch, wer dort erhaben oberhalb der Stadt thront, fühlt sich wie in einem Märchen – oder in seine Kindheit zurückversetzt, als die fernöstlichsten Klänge, die man vernahm, von der Hörspielkassette zu Jim Knopf stammten. Und sogleich scheint der allgegenwärtige Klang von Silberglöckchen, der in Michael Endes an China angelehntem Fantasieland herrschte, einem wieder ins Ohr zu dringen. Ping, ping.

Kein Wunder, heißt er doch auch *Qingyin*, der kleine Chinagarten in Stuttgart, Garten der schönen Melodie. Chinesische Gärten sind Welten im kleinen Maßstab. Mikrokosmen. Oder Puppenspielbühnen, wie es sie auch für Jim Knopf gab. So stehen die Steine für die Gebirge und der Teich entspricht den Meeren. An verschiedenen Stellen im Garten finden sich chinesische Schriftzeichen. Das sind Texte aus Gedichten, die über 1.000 Jahre alt sind. Das Herz des Gartens ist die Halle der Freundschaft. Sie ist ein Zeichen für die Freundschaft zwischen Baden-Württemberg und der Provinz Jiangsu in Südchina.

Denn 1993 ging der Garten als Geschenk von Jiangsu an Stuttgart über. Der Anlass war die Internationale Gartenschau im Rosensteinpark. Da er dort jedoch nicht bleiben konnte, wurde eigens der Verein Chinagarten Stuttgart gegründet. 1996 errichtete der Verein den Garten auf einem städtischen Grundstück am Killesberg in bester Aussichtslage mit Blick über den Talkessel neu. 2007 übertrug der Verein Chinagarten die Anlage auf den Verschönerungsverein Stuttgart.

Es war also ein langer Weg, bis des Gartens Zukunft gesichert war. Vielleicht gibt es deshalb im Chinagarten – anders als bei Jim Knopf – auch keine kleinen Brücken aus Porzellan, sondern die Zick-Zack-Brücke.

Zum Schutz der detailreichen und filigranen Gestaltung der Anlage ist sie nur tagsüber bis zur Dämmerung zugänglich. Abends schließt der Verschönerungsverein die Tore.

Stadtbibliothek
Mailänder Platz 1
70173 Stuttgart
0711 21691100
www.stadtbibliothek-stuttgart.de

70 Der Zauberwürfel
Nord – Stadtbibliothek

Das 2011 fertiggestellte moderne Gebäude erinnert an den Zauberwürfel, den ich als Kind nie zusammengebracht habe. Die Farben der kleinen Vierecke wollten sich einfach nicht zu sechs gleichfarbigen Flächen zusammenfügen.

Bei der Stadtbibliothek wäre dies allerdings kein Problem. Der 44 mal 44 Meter breite und 40 Meter hohe Quader, dessen Fassaden aus 9 mal 9 Meter großen quadratischen Feldern aus Sichtbeton und matten Glassteinen bestehen, ist tagsüber weiß und strahlt nachts blau. Das ist äußerst praktisch. Und vor allem zauberhaft.

Es mag sein, dass der Zauberwürfel als Assoziation unpassend erscheint, zogen manche doch ganz andere Monumente zum Vergleich heran: etwa Aldo Rossis Friedhof in Modena – hat der Architekt der Stuttgarter Stadtbibliothek Eun Young Yi doch einst bei Rossis deutschem Pendant Oswald Mathias Ungers gearbeitet. Auch das sinistre *Colosseo quadrato*, der Palast der Arbeit im faschistischen römischen Stadtviertel *Esposizione Universale di Roma*, drängt sich hier als Parallele auf. Sagt man. Für mich ist und bleibt die Stadtbibliothek der zauberhafte Zauberwürfel.

Der in seinem Inneren ganz anderes verbirgt, als seine strenge Form vermuten lässt. Denn die Schätze, deren schützende und schöne Hülle der Würfel ist, sind von Buchstaben bestimmt: In den Regalen von 1,5 Kilometern Länge finden sich 400.000 Bücher sowie 100.000 CDs und DVDs. Diese Bücher in den endlosen Metern an Regalen erstrecken sich über fünf Galeriegeschosse, die über Treppen miteinander verbunden sind und wirken, als entstammten sie Maurits Cornelis Eschers Bild *Relativität*. Hier kann man endlos hin und her eilen – und dann wieder verweilen, um wenigstens einige der über 1.000 Zeitschriften und 7.000 internationalen Zeitungen und Magazine zu lesen, die Bibliothek für Schlaflose zu nutzen oder sich die Galerie im Erdgeschoss anzuschauen. Manche nennen die Stadtbibliothek Bücherknast. Ich nenne sie Buchpalast.

Wem der Kopf schwirrt von zu vielen Buchstaben, der kann ihn lüften und durchatmen. Man kann der Bücherei nämlich aufs Dach steigen.

Weißenhofsiedlung
Rechter Hand am Weißenhof
70191 Stuttgart

Weißenhofmuseum im Haus *Le*
Corbusier
Rathenaustraße 1
70191 Stuttgart
0711 2579187
www.stuttgart.de/weissenhof

71 Ein Maximum an Strahlkraft
Nord – Weißenhofsiedlung und Weißenhofmuseum

Manchmal trügt der Schein. Vielleicht weil er in diesem Fall so gleißend hell ist, dass er blind macht. Die Weißenhofsiedlung, eine der bedeutendsten Architektursiedlungen der Neuzeit, erstrahlt in einem makellosen Weiß hoch oben auf dem Stuttgarter Killesberg. Da scheint es klar, woher die Siedlung, die in der Zeit des Nationalsozialismus wegen der weißen Dachterrassen als »Araberdorf« bezeichnet wurde, ihren Namen hat. Tatsächlich aber geht der Name Weißenhof auf den Bäcker Georg Philipp Weiß zurück, der 1779 auf dem brachliegenden Gelände einen landwirtschaftlichen Betrieb, eine Meierei, errichtet hatte.

Die 21 weißen Häuser mit insgesamt 63 Wohnungen entstanden in nur 21 Wochen: Die Siedlung war Teil der 1927 vom Deutschen Werkbund initiierten Ausstellung *Die Wohnung*. Von einer gewachsenen Siedlung kann man nicht sprechen. Diese strebte aber auch niemand an: Weder Ludwig Mies van der Rohe, der die künstlerische Leitung des Projekts innehatte, noch die anderen führenden Vertreter des Neuen Bauens wie Walter Gropius, Le Corbusier und Peter Behrens, die daran mitwirkten. Vielmehr war das Ziel, ein mustergültiges Wohnprogramm für den modernen Großstadtmenschen zu schaffen: Architektur und Leben sollten verschmelzen.

So waren die Architekten nicht nur für die Bauten, sondern auch für die Einrichtung der Räume verantwortlich. Mit flexiblen Grundrissen versuchten die Architekten, eine von »Licht und Luft erfüllte Atmosphäre der Gesundheit« zu schaffen. Ihr Bauen war ein Gegenentwurf zu den beengten Arbeiterwohnblocks, in denen nicht nur viel zu viele Menschen auf den paar Quadratmetern einer miefigen Wohnung hausten, sondern noch viel mehr Krankheitskeime. Ein Minimum an Form sollte ein Maximum an Freiheit gewährleisten. Ein Minimum an Farbe ist Weiß, diese gewährleistet ein Maximum an Strahlkraft.

Das Weißenhofmuseum liegt im Haus Le Corbusier. Die linke Haushälfte ist Informationszentrum, die rechte Hälfte zeigt die damalige Werkbundausstellung.

Friedrichsbau-Varieté
Siemensstraße 15
70469 Stuttgart
0711 2257070
www.friedrichsbau.de

Die Großen der Kleinkunst
Nord – Friedrichsbau-Varieté

Hurra, sie leben noch! Trotz all der Krisen, die man dem Varieté nachgesagt hat, trotz all der Konkurrenz durch Dinnerzelte, bei denen Jakobsmuscheln zur Jonglage und Zabaione zur Zauberei gereicht werden, trotz des Umzugs auf den Pragsattel können sich Chefin Gabriele Frenzel und Timo Steinhauser, Hausregisseur Ralph Sun sowie die Mannschaft in Positur werfen und jubeln: Seit 1994 gibt es das Friedrichsbau-Varieté. Und es erfreut sich bester Gesundheit. Während im zur gleichen Zeit eröffneten Musical in Möhringen die Neuanfänge kaum zählbar sind.

Ein treues Publikum hat das Varieté. Kein Wunder. Hat das Gewerbe doch große Tradition. Bereits 1900 eröffnete der Friedrichsbau an der Ecke Schloss- und Friedrichstraße. Josephine Baker, Enrico Rastelli, Grock, Charlie Rivel, Joachim Ringelnatz und natürlich Willy Reichert und Oscar Heiler alias Häberle und Pfleiderer traten hier auf. Hier wurden schon Elefanten von der Bühne gezaubert, als von Magier David Copperfield noch keine Rede war.

Am 26. Juli 1944 wurde der Friedrichsbau zerbombt. 1955 schließlich wurde er planiert, um Platz zu schaffen für die Theodor-Heuss-Straße. Das Varieté vagabundierte fortan durch die Stadt. Mal kam es auf dem Killesberg unter, mal in einem Zelt am Schlossgarten. Ehe es 1994 heimkehrte in einen Neubau an historischer Stätte, die Rotunde bei der L-Bank. Dort allerdings musste es 2014 ausziehen, die L-Bank hatte den Mietvertrag gekündigt. Das Aus drohte. Doch mithilfe der Stadt konnte das Varieté in einen Neubau neben das Theaterhaus auf den Pragsattel ziehen. Dort fühlt es sich pudelwohl. Weil es dort gepflegt und weiterentwickelt wird. Immer noch sind die Großen der Kleinkunst zu Gast. »Zeitgenössisches Varieté«, so Ralph Sun, präsentiert man im Friedrichsbau und lädt in einen Zaubersalon, zur Burlesqueshow oder zur Rock-'n'-Roll-Revue. Simsalabim, sie leben noch!

Vor dem Varieté kann man zwei Komödianten treffen. Ein Denkmal erinnert an Oscar Heiler und Willy Reichert. Ihnen zu Füßen steht Puffy, Heilers Spitz.

LKA Longhorn
Heiligenwiesen 6
70327 Stuttgart
0711 4098290
www.lka-longhorn.de

73 Ein Tempel für Kopfschüttler
Wangen – LKA Longhorn

Der blonde Schlaks sang sich die Seele aus dem Leib, doch im Saal scherte sich keiner darum. Fast 1.500 Mann waren gekommen, um Sonic Youth zu sehen, und die drei Typen von der Vorband spielten nun schon lange genug. Pfiffe brandeten gegen die Bühne, schließlich schlichen Kurt Cobain, Krist Novoselic und Dave Grohl an die Bar. Keiner wollte am 30. August 1991 im LKA Nirvana hören. Einige Tage später erschien *Nevermind* – eine Generation hatte ihren Heilsbringer gefunden.

Das Herz des Longhorn-Kulturaustausches hämmerte nicht von Anfang an im Viervierteltakt des Rock, es begann 1984 im Zweivierteltakt des Country zu pochen. Thomas Müller und Udo Heller eröffneten das LKA in einer alten Lagerhalle in Wangen als Countryclub und als Konzertbühne. Argwöhnisch beäugt von den Behörden: Der Polizei erschienen die Toten Hosen als Gefahr für die Jugend, sie durften nicht auftreten.

Viele andere aber kamen. Etwa Nina Hagen, Eminem, Sheryl Crow, Rammstein, Rio Reiser, Fanta Vier, Garbage, Offspring. Henry Rollins hat sich im LKA die Mähne abgeschnitten und der Kassierer von Exploited mit den Einnahmen der Punkband das Weite gesucht. Die Pogues verdroschen sich vor dem Auftritt, in der Pause und danach. Aber das Konzert war gut.

Anfang der 90er stand der Umbruch an: Die Amerikaner gingen heim. Müller und Heller bauten um, ließen das LKA im Stil der Sixtinischen Kapelle bemalen: ein Tempel für Kopfschüttler. Neben den Konzerten wurde fortan zu Abenden mit Nachwuchsbands und zum Tanz geladen, immer unter dem Motto: »Kein Techno, kein House!« Rein darf jeder, egal ob mit Edeltretern oder barfuß. Donnerstags röhren die alten Helden aus den Boxen. Am Wochenende kommen die Jungen. Manche sind so jung, dass sie bei *Smells Like Teen Spirit* fragen müssen, von wem dieses Lied sei. Wenn das Kurt Cobain erleben müsste …

Hier tanzt fast jeder. Aber wer partout nicht mag, kann sich am Tischkicker und am Billardtisch festhalten. Und dabei mit dem Kopf nicken.

Andrea Jenewein / Frank Rothfuß 163

Besen Tilmann Ruoff
Uhlbacher Straße 31
70329 Stuttgart
0711 322992
www.weinbau-ruoff.de

74 Rotwein ganz retro
Obertürkheim – Besenwirtschaft Ruoff

Ein Besen hängt draußen. Drinnen ist eine Dusche. Was das über die Schwaben sagt, wollen wir die Psychologen ergründen lassen. Wir wissen nur: Hier bei Ruoffs in Obertürkheim lässt sich ein gepflegtes Viertele trinken. Und die Dusche ist nicht den Reinheitszwängen des heimischen Volksstammes geschuldet, der eine saubere Kandel noch mehr schätzt als einen sauberen Rausch. Nein, die Dusche im Damen-klo kündet von den Zeiten, als die Ruoffs noch im Erdgeschoss des 500 Jahre alten Hauses wohnten. Und die Zecher mitten in der guten Stube saßen.

So wie es sich gehört in einem Besen. Anderswo tarnen sich Restaurants als Besenwirtschaften, bieten Gans und Rostbraten. Bald serviert einer geeiste Blutwurst und kredenzt dazu in seine Moleküle zerlegten Sauvignon Blanc. Solchen Schnickschnack gibt's nicht bei Til-mann Ruoff, der den Weinbaubetrieb von seinen Eltern übernommen hat. Zwar ist die gute Stube nur mehr Gaststube, doch verströmt sie noch immer den Charme einer Wohnung aus den 60ern. Die Möbel sind dieselben, die Tapete mit den aufgedruckten Holzlatten hat Tillmann Ruoff nachgekauft. Oldschool sagt man heute dazu, oder retro. Und ist saumäßig modern. »Man muss nur lange genug warten können«, sagt der Wengerter und grinst.

Zwei weiße Weine, zwei rote Weine aus dem Henkelglas. Dazu Schlachtplatte, Käsewürfel, Maultaschen, Kartoffelsalat. Ein richtiger Besen halt. In dem sogar der Schwabe zutraulich wird. Und sich zu Fremden an den Tisch setzt. Gezwungenermaßen, es gibt sonst keinen Platz. Wenn man sieht, des Nachbarn Nase ist von Äderchen durch-zogen, weiß man: Das ist ein Experte. Denn der Schwabe schmeckt den Wein auch mit der Nase. Als Faustregel gilt: Je roter der Kolben, desto erfahrener der Trinker. Aber Vorsicht, die Expertise kann schmerzen. Um fit zu werden, reicht am nächsten Morgen nicht immer eine kalte Dusche.

Der Besen öffnet, wenn die Arbeit im Weinberg und Keller getan ist. Die genauen Termine findet man im Internet.

Grabkapelle auf dem Württemberg
Württembergstraße 340
70327 Stuttgart
0711 337149
www.grabkapelle-rotenberg.de

75 Die Liebe höret nimmer auf
Rotenberg – Grabkapelle auf dem Württemberg

Die Stadtwerber barmen heute noch. Eine Burg! Was sich da Touristen locken ließen. Man schaue nur nach Neuschwanstein. Doch die Liebe hatte andere Pläne. Für das Grabmal seiner Frau Katharina ließ König Wilhelm I. den Stammsitz der Familie einebnen. Klar, die von Württemberg waren schon vor Langem ins Tal gezogen, aber die Burg der Vorfahren hätte noch Jahrhunderte überdauert.

Wilhelm scherte das nicht, er wollte seiner Gattin ein Denkmal setzen. Nicht einmal drei Jahre lang waren sie verheiratet gewesen, beim Wiener Kongress hatte er die junge Witwe kennengelernt. Um die angeblich auch Napoleon gebuhlt hat. Die Zarentochter kam in ein bettelarmes Land. Zu einem denkbar schlechten Zeitpunkt: Nach dem Ausbruch des Vulkans Tambaro in Indonesien verdunkelten Aschewolken weltweit die Sonne. Das Jahr 1816 galt als »das Jahr ohne Sommer«, nichts wuchs, die Menschen aßen Sägemehl. Um die Not zu mildern, half Katharina mit ihrem Privatvermögen. Sie gründete Wohlfahrtswerke, Schulen, Krankenhäuser. Das Volk verehrte sie – und litt, als sie 1819 an einer Gürtelrose starb. Oder, wie böse Zungen behaupteten, an gebrochenem Herzen, weil sie ihren Mann mit einer Mätresse ertappt hatte.

War's ein schlechtes Gewissen oder doch immerwährende Leidenschaft? Auf jeden Fall beauftragte der König Hofbaumeister Giovanni Salucci, auf dem Württemberg eine Grabkapelle zu entwerfen. Der wollte den ganzen Berg zu einem Mausoleum machen. Zwar steht über dem Eingang der Bibelspruch »Die Liebe höret nimmer auf«, aber beim Geld hörte die Liebe doch auf. 195.000 Gulden durfte Salucci ausgeben, keinen Kreuzer mehr. Aus Sandstein und Eisen baute er die Kapelle, die bis heute übers Neckartal blickt. In der Gruft ruhen Königin Katharina, König Wilhelm und Tochter Marie. Eine Burg gibt es also nicht mehr, aber sehen lassen kann es sich, das Taj Mahalele.

Nicht nur die Grabkapelle ist pittoresk, es lohnt auch ein Spaziergang durch die Nachbarschaft. Der Ort Rotenberg könnte auch in der Toskana liegen.

Mercedes-Benz Museum
Mercedesstraße 100
70372 Stuttgart
0711 1730000
www.mercedes-benz.com/de/
kunst-und-kultur/museum/

Gottlieb-Daimler-Gedächtnisstätte
Taubenheimstraße 13
70372 Stuttgart
0711 1730000
www.mercedes-benz.com/de/
kunst-und-kultur/museum/
partnermuseen/

76 Die Spirale

Die Automobilgeschichte muss neu geschrieben werden. Es war nämlich ein gewisser Gottfried Daimler, der in seiner Werkstatt in Bad
Cannstatt den ersten Wagen mit Verbrennungsmotor zusammenge-
schraubt hat. Dies enthüllte Bundeskanzlerin Angela Merkel bei ihrer
Ansprache zur Eröffnung des Mercedes-Benz Museums, die via Bild-
schirm übertragen wurde. Der Name gefiel ihr so gut, dass sie ihn gleich
zweimal in ihre Rede einstreute. Das Publikum reagierte etwas irritiert,
kannte es den Erfinder des Autos bisher doch als Gottlieb Daimler.
Es tut uns leid, aber an dem Seufzer kommen wir jetzt nicht vorbei:
Frauen und Autos!

Das ist natürlich ein Klischee. Und hätte Bertha Benz sich nicht auf
das Gefährt ihres Gatten gesetzt und wäre von Mannheim nach Pforz-
heim gefahren, würden wir unsere Karren immer noch von Pferden ziehen
lassen. Und Stuttgart wäre ein Kaff zwischen Wald und Reben. Mit dem
Auto kam der Wohlstand. Und nicht umsonst sagt man, wenn der Daimler hustet, bekommt Stuttgart die Schwindsucht. Die Stadt lebt vom Auto.
Deutlichstes Zeichen dieser Symbiose sind die Museen von Porsche und
Mercedes. Das eine in Zuffenhausen – kantig, roh, nur dem Sportwagen
gewidmet.

Das andere in Bad Cannstatt zeigt das Selbstverständnis von Mercedes-Benz. Im Bau des Architekten Ben van Berkel sind zwei Spiralen ver-
schränkt. Das erinnert natürlich an die Doppelhelix, auf der sich das Erb-
gut anordnet. Die Stuttgarter DNA ist aus Benzin und Motorenöl gebaut.

47,5 Meter ist das Museum hoch, das Gebäude wiegt 110.000 Ton-
nen, so viel wie 50.000 S-Klasse-Fahrzeuge, und 33.000 Liter Wasser halten die Temperatur zwischen 18 und 28 Grad. Und es hat einen eigenen
Wirbelsturm, der im Guinness-Buch der Rekorde steht. Er soll einem
Brand die Luft entziehen. Selbst der Feuerlöscher hat hier Stil und ein
hohes Drehmoment.

Zurück zu den Anfängen: Das einstige Gartenhaus der Familie ist als
Gottlieb-Daimler-Gedächtnisstätte im Originalzustand von 1882 erhalten. Kostenfrei können darin Exponate aus den Gründerjahren besichtigt
werden.

Andrea Jenewein / Frank Rothfuß 169

Blick in den Stuttgarter Kessel

Cannstatter Volksfest auf dem Wasen
Mercedesstraße 50
70372 Stuttgart
0711 95543300
www.cannstatter-volksfest.de

77 Schwabens größter Rummel
Cannstatter Volksfest

Die Not war groß. Die Menschen in Württemberg hungerten, sie gruben die Saatkartoffeln aus und streckten das Mehl mit Sägespänen. 1816 ging als Jahr ohne Sommer in die Geschichte ein. Die Ernte verfaulte auf den Feldern, die Tiere verhungerten. Die Menschen sahen das Jüngste Gericht nahen. Doch nicht die Strafe Gottes kam über Württemberg, sondern die Folgen einer Naturkatastrophe in Indonesien. 1815 war dort der Vulkan Tambora ausgebrochen. Er spie 100 Kubikkilometer Gestein in den Himmel. Die Asche verteilte sich um den Globus und verdunkelte die Sonne. Als 1817 wieder die erste Garbe eingefahren wurde, stiftete Württembergs König Wilhelm I. aus Dankbarkeit das Volksfest.

Ein Erntedankfest also, ganz im Gegensatz zum Münchner Oktoberfest, das im Prinzip eine aus den Fugen geratene Hochzeit ist. Trotz Karussells und Achterbahnen kommen viele der vier Millionen Besucher, um Bier zu trinken und das neueste Dirndl zu zeigen. Man kann das als Verlust von Tradition bedauern oder als zeitgemäß bestaunen, doch Tatsache ist: Das Volksfest hat an Renommee gewonnen. Es gehört in Stuttgart dazu, sich auf dem Wasen sehen zu lassen. Das 200-Jahr-Jubiläum im Jahr 2018 feierte man mit einem Historischen Volksfest auf dem Stuttgarter Schlossplatz. Dies zeigt, dass man sich müht, die Wurzeln nicht zu vergessen und eine eigene Identität zu entwickeln. Man hat gelernt: Das Volksfest tut gut daran, sich als kleine, aber feine Alternative zum Oktoberfest zu präsentieren. Und seine Herkunft zu betonen.

Gerade junge Leute sehnen sich nach Heimat. Im Stadion schwenken sie Fahnen des Königreichs Württemberg, kommen in Tracht aufs Volksfest und singen im Zelt die Württemberger Hymne. Davon profitiert das Volksfest. »Das Fest der Schwaben«, vor Jahren schien das verzopft, heute trifft es den Nerv der Zeit.

Der kleine Bruder des Cannstatter Volksfests ist das Stuttgarter Frühlingsfest. Es wird Ende April, Anfang Mai drei Wochen lang gefeiert.

Andrea Jenewein / Frank Rothfuß 173

Stadtstrand Stuttgart
Seilerwasen 6
70372 Stuttgart
www.stadtstrand.com

78 Flusssand
Bad Cannstatt – Stadtstrand

Stuttgart ist die vollkommene Stadt. Beinahe jedenfalls. Nur eines fehlt zum perfekten Glück: das Meer. Dummerweise brandet es Hunderte Kilometer entfernt ans Ufer, auch sonst ist es mit Wasser nicht weit her. Gut, Mineralwasser blubbert im Untergrund, aber Badeseen gibt es keine, und der gezähmte und kanalisierte Neckar ähnelt mehr einem Schifffahrtsweg als einem Fluss.

Einen Strand hat es trotzdem. In Bad Cannstatt. Die eigensinnigen Bewohner des größten Stuttgarter Bezirks haben seit jeher den Wert des Flusses erkannt, während sich die Stuttgarter in ihrem Kessel verkrochen. Deshalb wird ein aufrechter Bad Cannstatter immer sagen, nicht Stuttgart liege am Neckar, sondern Bad Cannstatt. Man sollte das wissen, wenn man am Stadtstrand ins Gespräch mit einem Einheimischen kommt. Dort kann man entspannt in einem Liegestuhl sitzen, mit den Füßen im Sand spielen, die Frachtschiffe auf dem Neckar vorbeischippern sehen und sich nebenbei erläutern lassen, was Bad Cannstatt noch so alles hat, was Stuttgart nicht hat. Den VfB, das Mineralwasser, das Volksfest, den Wein und, und, und … Der vollständigen Aufzählung entkommt nur derjenige, dessen Nummer aufgerufen wird und der sein Essen holen darf. Die Ansagen sind übrigens sehr liebevoll und eigen. Eine Kunstform für sich – irgendwo zwischen Radiomoderator und Losbudenbesitzer. Klar, nicht weit entfernt ist der Wasen mit seinem Volksfest. Das färbt ab.

So nah wie hier kommt man dem Fluss sonst nirgends in dieser Stadt. Für die Kelten war er der »wilde Geselle«, doch über die Jahrtausende wurde der Neckar zu einem Transportweg. Eingezwängt und ignoriert. Seit einigen Jahren versucht man, ans Ufer zu gelangen. Die »Stadt am Fluss« ist das Ziel, doch davon ist man weit entfernt. Zu viel Beton. Nur hier in Bad Cannstatt kann man sich ein bisschen wie am Meer fühlen. Am Strand.

In einem Liegestuhl kann man sich entspannen. Wer aktiv sein möchte, sollte einen Beachvolleyball mitbringen. Unterhalb des Stadtstrands befindet sich ein Feld.

Wilhelma
Wilhelma 13
70376 Stuttgart
0711 5 40 20
www.wilhelma.de

79 Das Krokodil auf dem Rücksitz
Bad Cannstatt – Wilhelma

Mit dem Bügeleisen von Frau Schöchle beginnt die neuere Geschichte der Wilhelma. In Trümmern lag die schwäbische Alhambra nach dem Krieg. Die Pflanzen waren verbrannt, die maurische Wohlfühloase von König Wilhelm I. war dem Erdboden gleichgemacht. Wilhelma-Direktor Albert Schöchle war nur mehr Chef eines zerfurchten Stück Landes im Neckartal. Zunächst pflanzte er Gemüse für die Krankenhäuser an.

Doch Schöchle wollte die Wilhelma wieder aufbauen. Ehedem war sie der berühmteste botanische Garten Deutschlands gewesen. Mit Pflanzen allein, das wusste er, konnte er das Volk nicht locken und die Wilhelma nicht retten. Aber das Finanzministerium bekundete ihm: »Es ist keine staatliche Aufgabe, einen Zoo aufzubauen!« So erinnerte er sich des Aquariums, das er seinem Buben gebastelt hatte; um das Wasser zu wärmen, dienten Teile des Bügeleisens von Frau Schöchle. Großes Aufsehen erregten die Fische in der Nachbarschaft. So veranstaltete er 1949 eine Aquarienausstellung. Und kaufte den Ausstellern die Fische ab. So hielt er's bei der Vogelausstellung. Und der Ausstellung mit den Tieren des Waldes. Unverblümt sprach er vom »Stuttgarter Zoo«. Was die Beamten fauchen ließ: »Die wilden Tiere haben aus der Wilhelma zu verschwinden.«

Schöchle ignorierte das Grollen. Eines Tages erfuhr er, in Karlsruhe sei ein 1,80 Meter langes Krokodil zu groß für sein Terrarium geworden. Mit seinem Auto holte er es ab. Er band dem Tier das Maul zu, stülpte ihm einen Sack über den Kopf und legte es auf den Rücksitz des Wagens. Doch das Krokodil streifte Strick und Sack ab. Gott sei Dank war es ein kalter Tag. Schöchle öffnete die Fenster, dem Krokodil stockte das Blut. In der Wilhelma durfte es sich erwärmen.

Mittlerweile ist die Wilhelma wieder die schwäbische Alhambra. Mit Pflanzen und Tieren aus aller Welt. Einem Bügeleisen sei Dank.

An den *Wilden Wochenenden* laden die Biologen der Wilhelmaschule Kinder und Erwachsene ein, bei Mitmachaktionen mehr über bestimmte Tiere, Pflanzen und Artenschutz zu erfahren.

Weinfactum Bad Cannstatt
Rommelstraße 20
70376 Stuttgart
0711 54 22 66
weinfactum.de

80 Viel Arbeit, kaum Ertrag
Bad Cannstatt – Weinberge

Majestätisch erheben sich die Weinbergterrassen über dem Neckartal und ziehen sich die Hänge am Rande Stuttgarts empor. Sie prägen das Bild der Stadt. Der Weinbau begleitet die Cannstatt bereits seit der Zeit der Römer, die sich um 100 n. Chr. am Neckar ansiedelten.

Es braucht Leidenschaft, kräftige Waden und ein aufrechtes Kreuz, um sich als württembergischer Wengerter zu betätigen. Rund 1.500 Stunden fallen für die Pflege der Rebstöcke an, in flachen Lagen braucht man 500 Stunden. Für Maschinen ist es an den Hängen am Rand der Landeshauptstadt jedoch zu steil, hier wird nach alter Väter Sitte geschafft, alles zu Fuß. Bei der Lese stapft der Wengerter stundenlang mit einem 50 Kilo schweren Butten auf dem Rücken über die Stäffele. Zudem drückt der Hang gegen die Trockenmauern, zerlegt oder wölbt sie. Jedes Jahr müsse man eine Mauer erneuern, sagen die Genossen der Cannstatter Weingärtner, die 15 Hektar Steillagen bewirtschaften. Wenn man das zahlen würde, wäre man endgültig ehrenamtlicher Landschaftspfleger. Also richtet man die Mauern halt selber.

Das städtische Weingut bewirtschaftet knapp fünf Hektar Steillagen, über dem Neckar am Cannstatter Zuckerberg – überregional bekannt als »Zuckerle« –, an der Mönchshalde, am Hasenberg oder an der Karlshöhe. Die Steillagen sind von der Sonne verwöhnt und gelten somit als »Spitzenlagen«. Vor allem das »Zuckerle, ist eine der besten Lagen Württembergs.

Spitzenlage in Württemberg hieß früher: Trollinger. Mittlerweile teilen sich das Anbaugebiet heimische Rebsorten mit mediterranen, die in dem milden Neckarklima ebenfalls bestens reifen. Aus den Weinbergen rund um Stuttgart stammen heute schwäbische Klassiker, modern umgesetzt, und internationale Bestseller mit regionaler Handschrift – handgemacht nach alter Väter Sitte.

Die Genossen des Weinfactum verkaufen ihre Weine in ihrer Kelter auf dem Hallschlag. Dorthin laden sie auch regelmäßig zu Veranstaltungen.

Heilbronner Land und Hohenlohe

Experimenta – Das Science Center
Experimenta-Platz
74072 Heilbronn
07131 887950
www.experimenta.science

81 Die ganze Welt an einem Ort
Heilbronn – Experimenta – Das Science Center

Waren Sie schon einmal in Ihrer ganz persönlichen Wissenschaftsshow? Nein? Dann wird es aber höchste Zeit. Etwas mehr als eine Stunde, genauer gesagt 71 Minuten, müssen Sie investieren. Und Ihre Freude am Erkunden und Entdecken.

»Kleine Spiegelbilder« heißt eine der empfohlenen Touren der *Experimenta*, Deutschlands größtem *Science Center*. An acht Mitmachstationen können Sie herausfinden, was – aus wissenschaftlicher Sicht betrachtet – in Ihnen steckt. An der Station *Phantombild* erfahren Sie beispielsweise, warum Ihr Gehirn Gesichter sehr gut erkennen kann. Bei der *Schubsmaschine* dürfen Sie hingegen testen, wie gut Ihre Reflexe sind.

Über 20 verschiedene interaktive Touren durch die Ausstellung hat das Team des *Science Centers* zusammengestellt. Und verspricht dabei: »Die ganze Welt an einem Ort«. Dabei geht es immer um Mitdenken, Rätseln und Experimentieren. Spielerisch versteht sich – und mit viel Spaß! Dabei spricht die *Experimenta* Kinder wie auch Erwachsene gleichermaßen an. Ideal also für einen Familienausflug! Dabei sollte man einen ganzen Tag einplanen.

Mit 25.000 Quadratmetern Fläche auf vier Etagen und mit rund 275 interaktiven Stationen gilt die *Experimenta* nicht ohne Grund als größtes Wissenschaftszentrum in unserem Land. Untergebracht mitten in Heilbronn, auf einer Neckarinsel im ehemaligen Lagerhaus Hagenbucher, wurde das Zentrum im Jahr 2009 eingeweiht. Mit dem *Science Dome* kam zehn Jahre später ein schicker Neubau dazu. Die drei Bereiche *Erlebniswelten*, *Entdeckerwelten* und *Forscherwelten* locken in jedem Jahr Tausende Besucher an. Im Mai 2021 war das *Science Center* zudem Veranstaltungsort des Bundeswettbewerbs *Jugend forscht*.

Auf der Insel zwischen Altneckar und Neckartal angelegt, liegt das Gelände der 2019 in Heilbronn ausgerichteten Bundesgartenschau. Die weitläufigen Grünflächen, Uferlandschaften, zwei Seen sowie diverse Spiel- und Sportanlagen laden zu einem aktiven Tag im Grünen!

Breitenauer See
74182 Obersulm
www.breitenauer-see.de

82 Wasser marsch!

Obersulm – Breitenauer See

Am 1. Dezember 2020 wurde der Stöpsel gezogen: Rund 2,3 Millionen Kubikmeter Wasser wurden in den folgenden 138 Tagen abgelassen. Rund 25 Jahre nach der letzten vollständigen Trockenlegung musste der künstlich angelegte Breitenauer See, als Hochwasserschutzanlage 1975 bis 1980 gebaut, genauestens unter die Lupe genommen werden. Nach der umfangreichen Sanierung 2021 und dem abschließenden sukzessiven Wiederaufstauen dient der See nun wieder zur Freizeitgestaltung am und auf dem Wasser.

Mit rund 40 Hektar zählt der beliebte Breitenauer See zu den größten Wasserflächen im Norden Baden-Württembergs und lockt in jedem Sommer zahlreiche Gäste an. Samt See können sich diese auf rund 95 Hektar tummeln. Neben schönen Liegewiesen, zum Teil unter Schatten spendenden Bäumen, stehen unter anderem ausgewiesene Ballspielflächen, Tischtennisplatten, ein Basketballkorb sowie eine Torwand zur Verfügung. In Kombination mit den Beachvolleyballfeldern, der Boulebahn und einem riesigen Abenteuerspielplatz mit Bodentrampolin garantiert ein Tag in dem Naherholungsgebiet pures Sport- und Freizeitvergnügen. Mit dem rund 400 Meter langen, teilweise mit Sand aufgeschütteten Badestrand ist das Sommerurlaubsfeeling geradezu vorprogrammiert. Da kann man doch schon mal länger bleiben und sich einen Platz auf dem dazugehörigen Campingpark sichern. Im Jahr 1985 eröffnete *Campingplatz Breitenauer See*, der sich mit der Zeit einen Namen gemacht hat. Gut eine halbe Million Camper verbucht der mit fünf Sternen ausgezeichnete Park in jedem Jahr.

Ach ja, Lernen gehört auch noch dazu: Ein Gewässerlehrpfad rund um den See, initiiert von der Jugendgruppe des ansässigen Fischereivereins, vermittelt Wissen über Flora und Fauna im und am Wasser.

»Wein.Wald.See.Berge« – unter diesem Slogan wurde die Gemeinde Obersulm zu einem vom Land ausgezeichneten Weinorte im Weinsüden.

Berg Einkorn
Startpunkt Wanderung: Parkplatz am
Bahnhof Schwäbisch Hall-Hessental
Einkornallee 1
74523 Michelbach a. d. Bilz
www.hgc-einkorn.de

Gasthaus-Biergarten-Hostel Einkorn
Einkorn 1
74523 Schwäbisch Hall
0791 9468528
www.der-einkorn.de

88 Mit der Nase im Wind
Schwäbisch Hall – Berg Einkorn

»Are you ready to take off?« Wer auf der Homepage des *Hängegleiterclubs Einkorn Schwäbisch Hall e. V.* surft, wird mit Sicherheit Lust bekommen abzuheben, das kann ich Ihnen versprechen! Und wenn Sie dann auf dem 510 Meter hohen Berg Einkorn bei Schwäbisch Hall stehen und den Blick über die Hohenloher Ebene schweifen lassen, wird Sie die Vorstellung, über diese herrliche Landschaft zu schweben, nicht mehr loslassen.

Christoph Wankmüller, Vereinsmitglied und Fluglehrer, kennt dieses Gefühl nur allzu gut. »Es ist einfach schön mitzuerleben, wenn ein Schüler nach dem ersten Höhenflug das Grinsen nicht mehr aus dem Gesicht bekommt«, freut er sich. Rund 180 Mitglieder zählt der Schwäbisch Haller Drachenflugklub und ist damit einer der größten im Deutschen Hängegleiterverband und im Schwäbisch Haller Luftsportverband. Gegründet 1979, ist er auch einer der ersten, denn die Historie des Drachenflugs ist noch nicht alt. 1974 startete mit dem Kalifornier Mike Harker der erste Drachenfliegerpilot in Europa von der Zugspitze in die Luft. Der Einkorn sei vor allem für Anfänger und zum Üben »geradezu ideal«, sagt Wankmüller. Die besten Flugzeiten seien im Herbst, wenn der Wind oft aus Südwest oder West komme und damit frontal auf den Berg und die Startfläche treffe. 71 Kilometer weit und damit fast bis nach Nürnberg verbuchen die Haller Hängegleiter den längsten Flug vom Einkorn aus.

Der Berg ist die höchste westliche Erhebung der Limpurger Berge und zweifellos auch auf Schusters Rappen gut zu erobern. 60 Kilometer umfassen die ausgewiesenen Wanderwege rund um die Aussichtsplattform. Steigen Sie unbedingt die 137 Stufen höher auf den hölzernen Einkornturm. Von dort ist die Sicht fast grenzenlos – und das ganz ohne Pilotenschein.

Im schmucken und gemütlichen Gasthaus und Biergarten Einkorn mitsamt Hostel lässt es sich entspannt verweilen.

**Kuchen- und Brunnenfest
Schwäbisch Hall**
Grasbödele
Steinerner Steg
74523 Schwäbisch Hall
www.siedershof.de

**Tourist-Information
der Stadt Schwäbisch Hall**
Hafenmarkt 3
74523 Schwäbisch Hall
0791 751600
www.schwaebischhall.de

84 Der Reichtum der Salzsieder
Schwäbisch Hall – Kuchen- und Brunnenfest auf dem Grasbödele

Wissen Sie was ein »Zwiebelesfisch« und ein »Trampeleswalzer« gemein haben? Nein? Es sind traditionelle Tänze, um genau zu sein Sieders-tänze. Heute noch wird alljährlich auf dem Schwäbisch Haller Grasbö-dele, einer kleinen Landzunge am Kocher, das Tanzbein geschwungen und das Lagerleben wie zu alten Salzsiederzeiten gezeigt. Beim Kuchen- und Brunnenfest, kurz »Siedersfest«, werden Einblicke in altes Brauch-tum gewährt.

Sie ahnen es schon, es ist ein kulturelles Highlight. Fahnen-, Kan-nen-, Kuchenträger, Trommler und Pfeifer ziehen vom Marktplatz durch die Stadt zum Kocher. Die Geschichte, die die Vereinsmitglieder des Klei-nen und Großen Siedershofs auf dem Grasbödele erzählen, fand allerdings einst an anderer Stelle statt: Rings um den Haalbrunnen am heutigen Haalplatz hatten sich die Salzsieder im Mittelalter niedergelassen. Unter großer Anstrengung schöpften sie hier die Sole aus dem Brunnen und er-hitzten sie in großen Pfannen so lange, bis das Wasser verdampfte und nur das Salz übrig blieb. Doch die mühselige Arbeit lohnte sich, mit dem weißen Gold kam auch Reichtum in die Stadt. Selbstbewusst meldeten sich die Salzsieder in Prozessen gegen den Haller Rat zu Wort, dem sie Vetternwirtschaft vorwarfen. Aber sie konnten auch »Hof halten«, also gesellig feiern. Zum ersten Mal ist ein solcher Hof 1501 erwähnt, als Salz-siederburschen ein Zunftfest ausrichteten.

Dieses Brauchtum wurde mit der Einweihung der Eisenbahnlinie Heilbronn–Schwäbisch Hall 1862 wiederbelebt, als man die Salzsieder-stadt auch als Kurmetropole entdeckte. Aus ersten historischen Theater-stücken um 1907 wurde schließlich das Kuchen- und Brunnenfest. Bald nach dem Zweiten Weltkrieg gründete sich dann der Verein Siedershof neu. Bis heute haben die Traditionspfleger keinen Nachwuchsmangel: Je-des Jahr warten sie von Neuem zahlreich und kostümprächtig zum Sie-dersfest auf.

Ein Traum: Beim Sommernachtsfest im August verwandelt sich der Stadtpark entlang des Kochers in ein Lichtermeer.

Geigenbauwerkstatt Hatting
Gelbinger Gasse 12
74523 Schwäbisch Hall
0791 9466890
www.stimmstock.de

Hohenloher Kultursommer
Kulturstiftung Hohenlohe
Allee 17
74653 Künzelsau
07940 18348
www.hohenloher-kultursommer.de

85 Kleine Werkstatt und großer Sommer

Schwäbisch Hall – Geigenbauwerkstatt Hatting

Lassen Sie mich mal vorsichtig spekulieren: Ohne diesen Mann würden die Konzertveranstaltungen des 1987 begründeten *Hohenloher Kultursommers* nicht so schön klingen. Geigenbaumeister Michael Hatting ist in Hohenlohe wohl der Einzige seiner Zunft. Aus der ganzen Region – und noch weit darüber hinaus – kommen Musiker nach Schwäbisch Hall in seine Werkstatt, um ihre Instrumente zum Klingen zu bringen.

Michael Hatting restauriert alte Geigen, baut neue Geigen, vermietet Geigen und versteht sich darin, die Lieblinge der Musiker wieder auf Vordermann zu bringen. Sei es bei Ansprachproblemen der Saiten, einer falschen Stegrundung oder einer schlechten Klangeinstellung. »Viele meiner Arbeiten sind Wartungs- und Reparaturarbeiten«, konstatiert der Meister. Eine Mutter etwa lässt regelmäßig die Violine ihres Sohnes, der im bekannten Windsbacher Knabenchor musiziert, in seiner Werkstatt durchchecken. Sie weiß das Können von Michael Hatting zu schätzen: »Man gibt so ein Instrument nicht jedem in die Hand, da muss schon ein besonderes Vertrauensverhältnis da sein.«

Unweit der Schwäbisch Haller Werkstatt, im Kloster Schöntal im Nordwesten Hohenlohes, findet seit 1997 alle zwei Jahre der Internationale Wettbewerb für Violine statt, durch den junge Talente entdeckt und frühzeitig gefördert werden. Die Veranstaltung ist ein zentraler Programmpunkt des *Hohenloher Kultursommers*. Aus anfänglich zwei Dutzend Konzerten sind mittlerweile über 70 geworden. Das Festival ist immer eine kulturelle Reise durch Hohenlohe, verteilen sich doch die Veranstaltungsorte über den ganzen Landstrich. Als ein Aushängeschild der Region zieht der *Hohenloher Kultursommer* in jedem Jahr Tausende Besucher an. Und ganz oft spielen Instrumente aus der Haller Meisterwerkstatt die erste Geige.

Michael Hatting versteht sich zudem als Schöpfer von handgefertigten Schreibgeräten! Dabei spielen ungewöhnliche Holzarten die Hauptrolle. Ob Füller, Kugelschreiber oder Bleistift – jedes Stück ist ein Unikat!

Johanniterkirche
Im Weiler 1
74523 Schwäbisch Hall
0791 94672330
www.schwaebischhall.de

Adolf Würth GmbH & Co. KG
Reinhold-Würth-Straße 15
74653 Künzelsau
07940 152200
www.kunst.wuerth.com

Hans Holbeins
Madonna
des Bürger-
meisters
Jacob Meyer
zum Hasen

Alte
Meister
in der
Sammlung
Würth

86 Alte Meister unterm Dach
Schwäbisch Hall – Johanniterkirche

Seit Anfang 2012 breitet Maria ihren Mantel in der Schwäbisch Haller Johanniterkirche aus. Mit der *Madonna des Bürgermeisters Jacob Meyer zum Hasen* von Hans Holbein dem Jüngeren hat das Museum unterm Kirchendach ein Meisterwerk dazugewonnen. Über 50 Millionen Euro, so schätzt man, habe der Künzelsauer Weltkonzern Würth für das bedeutende Gemälde auf den Tisch gelegt.

Die sogenannte »Schutzmantelmadonna« ist eine wahre Zierde der Sammlung Alter Meister. Weil sie weltweit zu den schönsten und bedeutendsten Bildern der großen Maler zählt, nimmt sie eine Sonderstellung ein. An einer eigenen Wand zur Schau gestellt und durch eine rund fünf Quadratmeter große, konstant temperierte Vitrine geschützt, empfängt sie ihre Besucher. Diese müssen allerdings durch eine Absperrung gebührenden Abstand zur beeindruckenden Erscheinung halten: In ihrem wallenden und in Falten gelegten Gewand, das Haupt mit einer goldenen Krone geziert, hält Maria das nackte Jesuskind behütend in den Armen, zu ihren Füßen kniend die Familie des Bürgermeisters Jacob Meyer zum Hasen.

Holbeins »Schutzmantelmadonna« aus dem 16. Jahrhundert ist hier in der Johanniterkirche in bester Gesellschaft. Unter dem einstigen Kirchendach werden neben dem ehemaligen Fürstlich Fürstenbergischen Bilderschatz auch Gemälde von Lucas Cranach oder dem Meister von Meßkirch beherbergt. Weiter finden sich Skulpturen des Bildhauers Tilman Riemenschneider. Das Kirchengebäude selbst stammt aus dem 12. Jahrhundert und wurde denkmalgerecht saniert, bevor 2008 die Sammlung Würth mit den Alten Meistern einzog. Hinter den Kunstschätzen steht Prof. Dr. Reinhold Würth. Der Künzelsauer Unternehmer hat seit geraumen Jahren seiner Kunstleidenschaft viel Raum gegeben. So umfassen die verschiedenen Museen der Würth-Gruppe rund 20.000 Werke namhafter Künstler.

Immer am Puls der (Kunst)zeit sind die wechselnden Ausstellungen in der eindrucksvollen *Kunsthalle Würth,* in unmittelbarer Nachbarschaft der Johanniterkirche.

Hohenloher Freilandmuseum
Dorfstraße 53
74523 Schwäbisch Hall-Wackershofen
0791 971010
www.wackershofen.de

87 Bevor die Wurst zum Brot kommt

Schwäbisch Hall – Hohenloher Freilandmuseum
in Wackershofen

Früh mussten die Bauern aufstehen, wenn der Metzger anrückte. Zeitig wurden Kessel angeheizt, die bereitgestellten Wannen und Behälter auf Sauberkeit geprüft und dem Schwein gut zugeredet. Verwandtschaft und Nachbarschaft kamen zusammen, um mit Hand anzulegen. Die jährlich stattfindende Hausschlachtung hatte einen hohen Stellenwert und war so etwas wie ein Festtag. Diesen gibt es heute noch in Wackershofen. Im Jahreskalender des rund 40 Hektar großen Freilandmuseums ist das Schlachtfest fest verankert.

Garantiert ist an diesem Tag ein authentischer Blick auf das Brauchtum von einst. »G'schlacht« wurde früher in der Waschküche der Bauerngehöfte, wo der Kessel stand, in dem das Wichtigste bereitet wurde, nämlich heißes Wasser. Schließlich brauchte man zum Abbrühen, zum Kochen des Fleisches und zum Garen der Würste hohe Temperaturen. Aber zuerst ging es dem zwei bis drei Zentner schweren Schwein an den Kragen. Klartext: Es wurde betäubt und danach die Halsschlagader geöffnet. Das aufgefangene Blut musste stetig gerührt werden, bis es abkühlte, bildete es doch die Grundlage für die Blutwurst, eine der Spezialitäten einer Hausschlachtung. Im Anschluss wurde der Körper in einer Wanne gebrüht, dadurch von Borsten und Haaren gesäubert und an einem Haken aufgehängt. Nun fing die eigentliche Metzgerarbeit an: Man musste die Innereien herausnehmen und das Schlachttier mit gezielten Beilhieben spalten. Danach kam der amtlich bestellte Fleischbeschauer zum Einsatz. Mit dessen Stempel war ein bedenkenloser Verzehr garantiert. Schließlich folgten das Zerteilen, Wursten und Wurstkochen sowie das Speckschneiden.

Das damals anschließend gebotene herzhafte Mahl mit Schlachtplatte, Kesselfleisch, Blut- und Leberwurst, Kraut und Brot dürfen Sie sich heute noch beim Schlachtfest in Wackershofen munden lassen!

Backofenfest, Käse- und Genussmarkt, Kochen in alten Küchen oder Tag des alten Handwerks: Das sind nur einige der Highlights im Jahresreigen des Freilandmuseums. Schauen Sie einfach in den Kalender!

Vorderer Hörschbachwasserfall im
Schwäbischen Wald bei Murrhardt

Marktplatz
74613 Öhringen

Stadtverwaltung Öhringen
Marktplatz 15
74613 Öhringen
07941 68118
www.oehringen.de

88 Hier feiert nicht nur der Wein
Öhringen – Marktplatz

Der Marktplatz der ehemaligen Residenzstadt ist zweifellos das Herzstück Öhringens. Im Schatten des prächtigen Fürstenschlosses, in dem heute die Stadtverwaltung residiert, umgeben von schmucken Häusern und behütet von der imposanten spätgotischen Stiftskirche St. Peter und Paul, kommen Einheimische und Gäste gerne zusammen. Am Markttag werden frische regionale Produkte eingekauft, es wird geschwatzt und im Sommer bei der beliebten städtischen Veranstaltungsreihe *Musik auf dem Wochenmarkt* gesungen und getanzt. Wenn allerdings die fahrenden Händler auf die Poststraße ausweichen müssen, wissen die Öhringer, was die Stunde geschlagen hat: In der guten Stube der Stadt steppt der Bär!

Alle zwölf Monate wird der Marktplatz für fünf Tage zu Verkostungsmeile für Weinzähne sowie zum Flirt- und Schunkelparadies für Weinselige. *25 Jahre Hohenloher Weindorf* wurde im Jahr 2022 gefeiert. Allein diese Zahl zeigt schon den Erfolg der Veranstaltung, die weit über die Region hinaus bekannt geworden ist. Rund 200 Weine und Sekte von Genossenschaften sowie Weingütern stehen hier jedes Jahr Spalier. Rassiger Riesling, süffiger Schiller, saftiger Trollinger, voller Lemberger, feine Cuvée – da bleibt garantiert kein Gaumen trocken! Ausgeschenkt wird in Zehntele zum moderaten Preis, also bleibt stets Luft nach oben, um zu probieren und zu studieren.

Neben diesem Highlight bietet der Marktplatz im Jahresreigen noch weitere Vergnügen. Seien es Feierlichkeiten von Vereinen, Flohmärkte, Kunstveranstaltungen oder die Events des Öhringer Stadtmarketings. Und wenn sich schließlich das schmucke Wohnzimmer im Winter aufhübscht und seine Fenster in Lichterschein taucht, ist es Zeit für den Weihnachtsmarkt.

Rauf auf den Turm der Öhringer Stiftskirche! Auf gut 32 Metern locken eine luftige Aussicht und Einblicke in die ehemalige Türmerwohnung.

Kupfertal Neufels
Ausgangspunkt:
Neufelser Mühle
74632 Neuenstein-Neufels

Restaurant Ochsengarten
Öhringer Straße 15
74670 Forchtenberg
07947 9432523
www.ochsengarten-restaurant.de

89 Sagenhafte Landschaft
Neuenstein – Kupfertal bei Neufels

Eigentlich ist es immer und zu (fast) jeder Jahreszeit schön: Wandern im Kupfertal. Auf einer Strecke erschließt man sich das Tal von Neufels nach Forchtenberg – und wieder zurück. Eine entspannte Tagestour, die, vor allem an Wochentagen, wenig frequentiert wird und Einklang mit der Natur (fast) garantiert.

Zu empfehlen ist die Tour im Frühsommer, wenn der Bärlauch üppig weiß blüht und feiner Knoblauchduft in der Luft liegt. Und wenn Ihnen ein bisschen nach Abenteuer zumute ist, gehen Sie einfach abseits des ausgezeichneten Wanderweges immer entlang des Flüsschens, welches dann auch öfter überquert werden muss. In dem Fall sollten Sie Wander- oder Sportschuhe einpacken, die nass werden dürfen. Bei sommerlichen Temperaturen geht es sich ohnehin am besten barfuß durch die Kupfer.

Schließlich kommen Sie zu einer kleinen Brücke, ein schöner Platz, um eine Rast einzulegen. Allerdings ist es ein Ort mit grauenhaftem Hintergrund. Den Schwarzen Steg umgibt eine alte Sage um eine schreckliche Gräueltat. Einst lebte ein Köhler im Hermersberger Forst, welcher der Wilderei bezichtigt wurde. Graf Robert zu Hermersberg bestrafte den Mann. Als daraufhin die Gräfin samt Titelerben eines Tages an der Kupfer entlangritt, nahm der Wilderer dem Stammhalter aus Rache das Leben. Vor Entsetzen starb auch die Gräfin und letzten Endes richtete sich der Köhler vor Ort selbst.

Nachdem 2012 die Holzbrücke aus Sicherheitsgründen vollständig abgebaut werden musste, wurde der Schwarze Steg noch im selben Jahr neu errichtet. Dank einer kräftigen Finanzspritze von Prof. Reinhold Würth, seines Zeichen passionierter Wanderer.

Kehren Sie in Forchtenberg ein: Der Ochsengarten bietet neben bodenständigen Speisen eine Vielzahl an Steinofenpizzen und Flammkuchen.

Stadtführung durch Waldenburg
Hauptstraße 13
74638 Waldenburg
07942 10825
www.waldenburg-hohenlohe.de

Atelier Hildegard Hage
Hauptstraße 29
74638 Waldenburg
07942 2487

90 Dem Himmel ein Stück näher
Waldenburg – Altstadt

Verliebt habe sie sich sofort, oder wie Hildegard Hage selbst sagt, »von der ersten Stunde an«. Jahrzehnte liegt das bereits zurück. Damals saß die Wahlwaldenburgerin zum ersten Mal auf der Stadtmauer des Luftkurortes auf über 500 Meter Höhe, schaute übers weite Land und nach oben: »Da wusste ich, jetzt bin ich dem Himmel ein Stück näher.«

Diese erste Liebe zu Waldenburg sei geblieben, sagt die ehemalige Studienleiterin, die heute als Kunstschaffende in ihrem Atelier mit kleinem Laden ihre Fertigkeiten im Filzen, Färben oder auch Seifensieden mitten in der Altstadt umsetzt. Eine andere Heimat als diese in luftiger Höhe könne sie sich nie und nimmer vorstellen.

Mit genau 505 Metern über NN ist Waldenburg der einzige Luftkurort im Hohenlohekreis und wird liebevoll »Balkon Hohenlohes« genannt. Weithin sichtbar ist die Silhouette und wird vor allem durch das imposante Schloss geprägt, das von der Fürstenfamilie zu Hohenlohe-Waldenburg bewohnt wird. Dass das Städtchen in den letzten Tagen des Zweiten Weltkrieges fast vollständig zerstört wurde, ist heute glücklicherweise nicht mehr zu erahnen. Für den gelungenen Wiederaufbau mit den schmucken Häusern steht der Phönix-Brunnen auf dem Marktplatz.

Historisches wie Gegenwärtiges erfahren Gäste bei einer der offenen Stadtführungen, die von Mai bis September angeboten werden. Freilich: Entdecken können Sie die Altstadt auch selbst, am besten vom Innenhof des malerischen Schlosses über den Marktplatz und entlang der Kirche bis zum Lachnerturm. Dort steigen Sie die 100 mittelalterlichen Treppen hoch. Es lohnt sich, der Ausblick ist grenzenlos!

Schöne Aussicht ins Hohenloher Land, und das wohltuend in Dauerschleife, erleben Sie auf dem Höhenrandweg um die Stadt Waldenburg.

Thomas Hopf vom
Gasthof Zum Löwen
Marktplatz 4
74542 Braunsbach
07906 91050
www.zum-loewen-braunsbach.de

91 Jeder Tag ist ein Thema
Braunsbach – Gasthof Zum Löwen

Wenn der *Löwe* den *Sauren Abend* ausruft, dann ist das definitiv nicht auf die Stimmung im Braunsbacher Gasthof zu beziehen. Im Gegenteil, was hier auf den Teller kommt, entzückt jeden Liebhaber von Innereien so sehr, dass der Serotoninspiegel wohl schon beim Lesen der Karte steigt. Wer dann noch von den »Sauren Niernle« oder dem geschmorten Herz in pikant-saurer Soße kostet, ist glücklich satt.

Am Herd des Braunsbacher Traditionsgasthofs stehen gleich zwei professionelle Küchenmeister: Heike Philipp und Ehemann Thomas Philipp-Hopf, die in ihren Lehr- und Wanderjahren viel in der Welt herumgekommen sind und so manche kulinarische Inspiration im idyllischen Kochertal umsetzen. Unterstützt werden beide tatkräftig von Heike Philipps Eltern, Metzgermeister Robert Philipp und Frau Doris.

Die einstige Metzgerei von Robert Philipp glänzt mit neuem Konzept. Hier lagern die »Goldstücke« der *Löwen*-Küche: komplette Rinderrücken. In sechs bis acht Wochen am Knochen gereift, kommen diese zerteilt als T-Bone-, Porterhouse-, Rib-Eye-Steak oder Kotelett in die Pfanne. Der Reiferaum entspricht dabei dem neusten Standard, und Thomas Philipp-Hopf erklärt den Gästen auf Nachfrage gerne das Prinzip des Dry-Aged-Beefs.

Nach dem verheerenden Unwetter im Mai 2016, das den rund 2.000-Seelen-Ort in einer Lawine aus Schlamm und Geröll begrub und deshalb bundesweit Aufsehen erregte, musste auch der *Löwen* gut ein Jahr lang umfangreich saniert werden. Heute ist der Gastraum wieder ein wahres Schmuckstück und die neu gestaltete Terrasse lädt bei schönem Wetter zum Verweilen ein.

Der am Kocher-Jagst-Radweg gelegene Gasthof bietet durchgehend warme Küche auch für Wanderer oder Kanufahrer.

Schloss Stetten
Burgallee 1
74653 Künzelsau
07940 987600
www.burgfestspiele-schloss-stetten.de

92 Theater auf der Stauferburg
Künzelsau – Schloss Stetten

Hi Stetten – hi Hohenlohe hieß das Premierenstück, verfasst von Wolfgang Freiherr von Stetten und aufgeführt auf dessen Familiensitz. Eigentlich sollte das Theater im Graben eine Eintagsfliege bleiben, doch die Künzelsauer Burgfestspiele auf Schloss Stetten überdauerten Jahrzehnte und sind heute eine wahre Erfolgsgeschichte.

Die Tierberger Fehde steht für einen jahrelangen Zwist der Grafen von Hohenlohe und den Rittern von Stetten. Schauplätze der Auseinandersetzungen von 1475 bis 1495 waren die Burgen Tierberg bei Braunsbach und Stetten. Letztere, zwischen 1180 und 1200 erbaut, gilt heute als die besterhaltene Stauferburg in Deutschland. Innerhalb ihrer alten Anlage ließen die Freiherren von Stetten 1715 das heutige Barockschloss errichten. In solch einer prächtigen Kulisse lässt sich selbstverständlich gut Theater spielen. Das erkannte man auch bei der 500-Jahr-Feier anlässlich der historischen Fehde, gründete einen Verein und rekrutierte für sechs Aufführungen Laienschauspieler aus der Region. Die zunächst provisorischen Zuschauerränge sowie die Bühne wurden schnell zu einem festen Bestandteil des Schlosses – und das mit jährlichem Wachstum!

Im Jahr 2011 wurde dem Spielort mit einer 300 Quadratmeter großen Bühne ein Facelifting verpasst, das sogleich dem ein Jahr später aufgeführten Stück *Die drei Musketiere* zugute kam. Die Degenkämpfer, allesamt Mitglieder des Künzelsauer Fechtklubs Würth, konnten – samt galoppierender Pferde – ihre Künste bestens in Szene setzen. Auch das heimatverbundene Stück *Der Postraub von Mäusdorf* brachte 2018 tosenden Beifall. Das Stück *Der Justizmord von Hall* aus dem Jahr 2023 stammt ebenso aus der Feder von Wolfgang Freiherr von Stetten und zeigt: Die Künzelsauer Burgfestspiele sind eine feste Größe im Hohenloher Kultur- und Veranstaltungskalender.

Sollten Sie sich schon über Ihren Altersruhesitz Gedanken machen, zu Schloss Stetten gehört auch eine großzügige Seniorenwohnanlage.

Kocherfreibad an den Wertwiesen
Badplatz 1
74653 Künzelsau
07940 1290
www.kuenzelsau.de

Theater im Fluss
Künzelsau e.V.
74653 Künzelsau
07940 58572
www.theater-im-fluss.com

93 Naturnahes Planschen
Künzelsau – Kocherfreibad an den Wertwiesen

Die Schwimmstätte am Kocher ist wahrhaftig kein 0815-Bad. Statt Sprungturm, 25-Meter-Bahn und dem typischen kontinuierlichen Freibadlärmpegel erleben Gäste Planschvergnügen in fließendem Gewässer, während sich Enten am naturnahen Ufer tummeln und sichtlich Spaß haben, sich nach dem eigenen Nassvergnügen watschelnd einen Platz auf der großzügigen Grünfläche zu erobern. Dieser außergewöhnliche schöne Flecken Erde darf sich einziges Flussfreibad in Baden-Württemberg nennen und ist eines der ganz wenigen seiner Art in Deutschland.

Scheint im Sommer die Sonne kräftig, spenden die vielen Bäume wohltuenden Schatten. Das Kocherfreibad ist wirklich die Sommeradresse in Künzelsau, und doch liegen die Gäste auf ihren Handtüchern nicht Reihe an Reihe. Schon mit den Umbauten im Jahr 2009, die eine Modernisierung des Sanitär- und Umkleidebereich sowie ein großes Kinderplanschbecken und ein Beachvolleyballfeld mit sich brachten, wurde kräftig aufgerüstet. Mit dem Naturschwimmbecken wurde die Anlage an den Wertwiesen 2020 um ein weiteres Highlight reicher.

800 Quadratmeter misst das Areal, welches mit dem Wasser aus dem Kocher gespeist wird. Das Flusswasser passiert zunächst eine Pflanzenfilteranlage, bevor das 1,30 Meter tiefe Nichtschwimmerbecken damit gefüllt wird. Dabei wird komplett auf Chlor und andere chemische Reinigungszusätze verzichtet. Umrahmt von der mit Sand aufgeschütteten Bucht garantiert das Eintauchen ins Kocherwasser Badevergnügen pur.

Theater im Fluss setzt dem Idyll am Wasser die Krone auf. Die großartige Künzelsauer Laienspielgruppe nutzt das Kocherfreibad erfolgreich als Bühne.

Hotel-Restaurant Anne-Sophie
Hauptstraße 22–28
74653 Künzelsau
07940 93460
www.hotel-anne-sophie.de

Kulturhaus Würth
Schnurgasse 8
74653 Künzelsau
07940 154040
www.kulturhaus-wuerth.de

94 Ein Stern für besondere Herzlichkeit
Künzelsau – Hotel-Restaurant Anne-Sophie

Ingo Rudolph kam in den 1980er-Jahren gesund zur Welt. Mit acht Jahren hatte er im Sportunterricht einen Unfall, von dem er schwere Kopfverletzungen davontrug. Dadurch hat er heute Einschränkungen in der Motorik, Haltungsschäden und Gedächtnisschwierigkeiten. 2004 machte er eine Ausbildung zur Fachkraft in der Gastronomie im Hotel-Restaurant Anne-Sophie in Künzelsau. Hier wird das Miteinander von Menschen mit und ohne Behinderung gelebt.

»Jeder hilft jedem und ist für den anderen da. Man kennt Stärken und Schwächen des anderen«, erzählt Ingo Rudolph. Gut 60 Mann und Frau stark ist das Team, ein Drittel hat ein Handicap. Damit ist das »Anne-Sophie«, wie es kurz und liebevoll genannt wird, eines der wenigen Projekte bundesweit, bei denen behinderte Mitarbeiter unter fachlicher Anleitung tätig sind. Gemeinsam mit der *LebensWerkstatt*, einer karitativen Einrichtung in Heilbronn und Hohenlohe, entwickelte Carmen Würth, die Ehefrau des Unternehmers und Kunstförderers Reinhold Würth, das Konzept. »Der Ursprung dieses Hauses, die Idee dazu«, so ihr Leitspruch, »ist nicht im Kopf entstanden, sondern kommt aus dem Herzen.«

Das Hotel liegt zentral, mitten in der ruhigen, romantischen Altstadt von Künzelsau. Und es hat wirklich alles, was ein modernes Hotel an Komfort braucht: Tagungsräume, ansprechende Zimmer, einen Wohlfühlbereich und zwei Restaurants – das »Anne-Sophie« mit regionaler Ausrichtung und das »handicap« mit gehobener Küche. Das Küchencheftrio Tobias Pfeiffer, Jan-Sören Hoch und Sebastian Wiese kann mitsamt seiner Mannschaft auf Auszeichnungen in namhaften Gourmetführern stolz sein. Nehmen Sie sich unbedingt auch eine Auszeit im kleinen, feinen Tagescafé *Auszeit*, um dann mit Muße im angrenzenden *lindele* Schönes zu finden.

Im benachbarten Kulturhaus Würth ist die Privatbibliothek von Carmen Würth untergebracht. Sehenswert!

Georg-Fahrbach-Weg
Startpunkt:
An der Kelter
74653 Ingelfingen-Criesbach
www.hohenlohe.de/Reiseland/
wanderparadies/georg-fahrbach-weg.html
www.kochertaler-geniessertour.de

Weinbaumuseum
Fritz-Müller-Straße 6–8
74653 Ingelfingen-Criesbach
07940 1230
www.ingelfinger-fass.de

95 Genussvoll wandern
Ingelfingen – Georg-Fahrbach-Weg in Criesbach

Dem Wandervolk muss man den Namen nicht erklären. Wer stramm durch die Gegend marschiert, weiß, dass Georg Fahrbach sich den Titel »erster Wanderer Deutschlands« verdient hat. Was vielleicht nicht ganz so bekannt ist: Er ist ein Hohenloher, seine Geburtsstätte liegt im Kochertal. In Criesbach beginnt der 120 Kilometer lange, nach ihm benannte Weg des Schwäbischen Albvereins, der bis nach Stuttgart-Uhlbach führt.

Keine Bange, ich will Sie gar nicht auf die sechstägige Tour mitnehmen. Bleiben wir in Hohenlohe und bereiten uns mit einer ersten kurze Strecke eine Gaumenfreude. Ja, Sie haben richtig gelesen! Mit Wein, Wandern und Schlemmen – das ist das Prinzip der jährlichen Kochertaler Genießertour. 17 Kilometer geht es immer am Südhang der Senke entlang mitten durch die Weinberge. Ein Stück kreuzt dabei auch den Fernwanderweg. Die Schuhe dürfen Sie schnüren, den Rucksack allerdings kann man getrost zu Hause lassen. Als Wegzehrung gibt es schließlich so leckere Gerichte wie Winzerbraten mit Spätzle, und der Flüssigkeitsverlust wird mit einem oder auch zwei Gläschen Kochertaler Wein ausgeglichen. Das Schlemmerwandern kommt an. Nach Schätzungen der Veranstalter sind in jedem Jahr mehrere Tausend Teilnehmer auf den Beinen, darunter auch viele überregionale Wandergruppen. Tendenz weiter steigend. Hier ebenfalls keine Bange: Auch die Genießertour gibt es in Etappen, sodass sie zum kürzeren Samstags- oder Sonntagsspaziergang heruntergebrochen werden kann. Aber vielleicht kommen Sie ja am Feinschmeckerwochenende, immer im August, auf den Geschmack. Nein, nicht kulinarisch, vielmehr sportlich! Dann auf zur Sechstagetour nach Stuttgart: Schritt für Schritt durch den Hohenlohekreis, den Naturpark Schwäbisch-Fränkischer Wald, durchs Remstal bis in die Landeshauptstadt. Für diese Strecke dürfen Sie dann auch den Rucksack packen!

Europas zweitgrößtes Fass steht in Ingelfingen, wozu auch Criesbach gehört. Das Weinbaumuseum des Unternehmers Fritz Müller ist mehr als sehenswert.

Schlossruine Forchtenberg
Am Hans-und-Sophie-Scholl-Pfad
Kreuzweg 11
74670 Forchtenberg
www.forchtenberg.de

Winklers Weinstube
Bahnhofstraße 25
74670 Forchtenberg
07947 366
www.winklers-weinstube.de

96 Rosen auf der Burg
Forchtenberg – Schlossruine

Wann Konrad von Dürn, Herr von Wülfingen, genau den Grundstein für seine Burg legte, ist ungewiss. 1234 stand sie jedenfalls bereits stolz überm Kocher, und Forchtenberg war damit gegründet. Bergab ging es mit der Dürnschen Burg jedoch im Dreißigjährigen Krieg, als die Prunkgemäuer zerschossen wurden. Zunächst noch von Interesse für das Fürstenhaus Hohenlohe, wurde die baufällige Festung schließlich 1850 verkauft und zerfiel danach zusehends. 1989 fasste sich die Stadt Forchtenberg ein Herz, nahm das Landesdenkmalamt mit ins Boot und sanierte das historische Wahrzeichen. Allerdings: Die Schlossruine blieb eine Ruine, nur eben unter Denkmalschutz. Heute ist sie Erholungsort, Kulisse für kulturelle Veranstaltungen und ein Wegpunkt auf dem Hans-und-Sophie-Scholl-Pfad in Forchtenberg.

Der gut einstündige Rundwanderweg beleuchtet die Lebensspuren der Geschwister Scholl. Vater Robert Scholl war von 1920 bis 1930 Stadtschultheiß in Forchtenberg, seine Tochter wurde am 9. Mai 1921 im heutigen Ratssaal geboren. Im Jahr 2006 wäre die 1943 vom Nazi-Regime zum Tode verurteilte Widerstandskämpferin 85 Jahre alt geworden. Zum Gedenken an die Forchtenbergerin und ihren Bruder errichtete die Stadt den Rundwanderweg, auf dem an jeder Station als Symbol der Erinnerung weiße Rosen gepflanzt sind. Auf der Schlossruine dürfte das berühmte Geschwisterpaar nur heimlich gespielt haben. Damals war das Bauwerk in Privatbesitz, zudem ließ Stadtschultheiß Scholl den Zugang sperren, weil die Keller stark baufällig waren.

Heute dient die Burg immer wieder auch als Bühne für vielerlei Veranstaltungen, wie beispielsweise Gottesdienste im Grünen, Sommer-Open-Air-Kino oder Kinder- und Jugendferienfreizeiten.

Da müssen Sie hin: zur *Winklers Weinstube!* Sigrid kocht begnadet, und Frank alias »Molle« gibt bei besten Tropfen eine Kostprobe Hohenloher Mundart.

Wald- & Schlosshotel Friedrichsruhe
Kärcherstraße 11
74639 Zweiflingen-Friedrichsruhe
07941 60870
www.schlosshotel-friedrichsruhe.de

Golf-Club Heilbronn-Hohenlohe e.V.
Neuer Garten 2
74639 Zweiflingen-Friedrichsruhe
07941 92080
www.golfclub-heilbronn.de

97 Baden in Gold
Zweiflingen – Wald- und Schlosshotel Friedrichsruhe

»Oligomere Procyanidine«: Zugegeben, der Begriff klingt irgendwie sperrig, etwas abstrakt. Dahinter verbirgt sich ein Stoff, der in den vergangenen Jahren Furore machte. »OPC« gelten als natürliche Radikalenfänger und sind Bestandteil von Weintrauben. Vor allem im Beerenkern steckt dieser von der Wissenschaft zertifizierte Anti-Aging-Stoff. Und kalt gepresst aus den Traubenkernen, entsteht ein wertvolles Öl, auch »grünes Gold« genannt.

Im luxuriösen Spa des Wald- und Schlosshotels Friedrichsruhe kommt das Traubenkernöl in der kosmetischen Behandlung zum Einsatz. »SanVino« heißt dort ein besonderes Pflegekonzept mit natürlichen Produkten direkt aus dem Weinberg: Extrakte des Hohenloher Rotweins, Traubenkerne aus der Region und eben hochwertiges kalt gepresstes Traubenkernöl. Geradezu eintauchen in die exklusive Weinpflege kann man beim »Badhaus Ritual«, das nach dem Vorbild der antiken Badekultur der Römer konzipiert ist. Nach einem Dampfbad folgt eine die Durchblutung fördernde Bürstenmassage mit viel sahnigem Seifenschaum. Anschließend steigt man in ein vitalisierendes Pflegebad mit Extrakten des Rotweins und der Weinhefe. Den krönenden Abschluss bildet die »SanVino«-Traubenkernölmassage.

Das Wald- und Schlosshotel Friedrichsruhe zählt zu den exquisiten »Feinen Privathotels«, und während man im herrlichen Spa des Resorts die Seele baumeln lassen kann, steht das Gourmet-Restaurant *Le Cerf* für höchste kulinarische Genüsse. Küchenchef Boris Rommel begeistert Feinschmecker aus aller Welt und kann sich mit hohen Auszeichnungen schmücken, unter anderem mit zwei Sternen im *Guide Michelin* und 17 Gault-Millau-Punkten. Vom Fachmagazin *Rolling Pin* wurde er 2018 zum »Aufsteiger des Jahres« gekürt, und 2022 wurde der kreative Küchenkünstler schließlich »Koch des Jahres«.

Kulinarische Highlights und luxuriöse Wellness – da fehlt nur noch Bewegung! Auf zum 27-Loch-Platz des *Golf-Clubs Heilbronn-Hohenlohe e.V.!*

Limes-Blick am Pfahldöbel
An der K2330
Via: Schießhofer Straße
74639 Zweiflingen
www.limes-in-hohenlohe.de

Weygang-Museum
Karlsvorstadt 38
74613 Öhringen
07941 35394
www.weygang-museum.de

98 Weitsicht am römischen Wall

Zweiflingen – Limes-Blick am Pfahldöbel

Am Anfang sorgte die ungewöhnliche Architektur noch für Aufsehen, mittlerweile sind sich alle einig: Die Aussichtsplattform am Pfahldöbel in Zweiflingen ist ein Besuchermagnet. Auf dem am Limes gelegenen, futuristischen Plateau eröffnen sich grenzenlose Ausblicke.

Am Weltkulturerbe Limes liegen die Hohenloher Gemeinden Mainhardt, Pfedelbach, Öhringen, Zweiflingen, Forchtenberg, Jagsthausen und Schöntal. Die 2014 am Pfahldöbel in Zweiflingen errichtete Aussichtsplattform ist einer der drei »Limes-Blicke«, die den berühmten römischen Grenzwall in Hohenlohe in den Fokus rücken. »Den schnurgeraden Verlauf erlebbar machen«, lautete das Credo, das die Kommunen Öhringen, Pfedelbach und Zweiflingen damit auf den Weg brachten. Die modernen Bauwerke aus Stahl entstanden mit EU-Geldern im Rahmen der »Förderkulisse Limesregion Leader« und verstehen sich als zeitgemäßer Kontrast zu den einstigen Wachtürmen als historische Vorbilder. 11,5 Kilometer können vom Pfahldöbel mit dem bloßen Auge erfasst werden. Das Panorama reicht weit über das Öhringer Becken bis zu einer Hangkante im Wald bei Pfedelbach-Gleichen. Und wenn es ein »Limes-Blicker« ganz genau nehmen will, nimmt er das Fernrohr zur Hilfe.

Während der Limes andernorts in Hohenlohe verschwunden ist, finden sich am Pfahldöbel noch gut erhaltene Überreste. An dieser Stelle war der Grenzwall einst neun Meter breit und zwei Meter hoch, davor lag ein acht Meter breiter und zweieinhalb Meter tiefer Graben. Auf rund 500 Metern kann man den Limes heute noch bestaunen. Die Panoramakarten und Tafeln an der Aussichtsplattform geben zudem Informationen über den einstigen Verlauf. Und aus erster Hand bekommt man Einblicke in die römische Geschichte bei einer Wanderung mit einem Limes-Cicerone, einem geprüften Gästeführer.

Besuchen Sie den Römerkeller im Weygang-Museum in Öhringen. Hier gibt es Originalfunde zu sehen.

Kloster Schöntal
Klosterhof 6
74214 Schöntal
07943 8940
www.kloster-schoental.de

Gemeinde Schöntal
Klosterhof 1
74214 Schöntal
07943 91000
www.schoental.de

99 Ruhestätte des eisernen Götz
Schöntal – Kloster Schöntal

»Er kann mich hinden lekhen!« – was für ein Kraftspruch des wütenden Götz von Berlichingen, den er 1516 während einer Fehde dem Amtmann Max Stumpf in Krautheim entgegenschleuderte. Heute ruht der adlige »Ritter mit der eisernen Hand« sanft in dem an der Jagst gelegenen Kloster Schöntal. Sein Grabmal im Kreuzgang der Neuen Abtei erzählt deutsche Geschichte.

Bekanntheit erlangte das Kloster nicht allein, aber vor allem als Ruhestätte des Reichsritters. Der Ruf des Götz wiederum ist nicht nur in seiner berühmt-berüchtigten Äußerung begründet, denn der Spross aus dem Geschlecht der Herren von Berlichingen mischte kräftig im Bauernkrieg mit. Dabei verlor er seine Hand, die er mit einer ganz speziellen und eigens entworfenen Vorrichtung ersetzte – die Geburtsstunde seines klangvollen Zusatznamens. Auf dem Epitaph des Ritters im Kloster Schöntal ist neben dem betenden Götz auch seine Kunsthand in Stein gemeißelt. Hier am Grabmal erfahren Besucher vieles aus dem Leben von Berlichingen und seinen Ahnen. Wussten Sie schon, dass sein Vater Kilian 1486 gut 200 Gulden für Schöntal spendete? Sie waren der Grundstock für die allererste Orgel in der ehemaligen Zisterzienserabtei, damals eine Rarität in den zahlreichen Klöstern des Ordens.

Ursprünglich begründeten Mönche aus Maulbronn im 12. Jahrhundert den Standpunkt Schöntal. Umgeben von Wehrmauern, hatte das Kloster später alles, was man zum autarken Leben benötigte: eine Mühle mit Backhaus, einen Viehstall, eine Scheuer und Brauerei. Bauherr und Abt Benedikt Knittel setzte zu Lebzeiten, 1650 bis 1732, wesentliche Akzente, so geht auch das heutige prächtig-barocke Erscheinungsbild auf seine Planung zurück. Mit der Säkularisation wurde dem Klosterleben jedoch ein Ende gesetzt, der Konvent schließlich aufgehoben und 1810 ein evangelisch-theologisches Seminar eingerichtet.

Heute ist das Kloster im schönen Jagsttal auch ein Ort zum Tagen, Übernachten und Feiern. Zu allen Jahreszeiten!

Kapelle St. Wendel zum Stein
Am Pfad der Stille
Jagstblick 5
74677 Dörzbach
www.pfade-der-stille.de

Gemeinde Dörzbach
Marktplatz 2
74677 Dörzbach
07937 91190
www.doerzbach.de

100 Ein Kleinod am Pfad der Stille
Dörzbach – Kapelle St. Wendel zum Stein

Die Tür hat einen schweren Zug und knarzt, doch drinnen ist es unglaublich still. Durch die schmalen Fenster fällt sanftes, warmes Licht auf den kleinen, mit bunten Wiesenblumen geschmückten Altar. Da flattert plötzlich ganz aufgeregt ein Rotschwänzchen durch das Holzgebälk. Ganz bestimmt hat der Vogel sein Nest hier irgendwo unterm Dach der Kirche gebaut.

Sie ahnen es schon: Die Kapelle St. Wendel zum Stein hat etwas Mystisches. Wenn man als Wanderer auf dem Pfad der Stille von der Waldwiese kommend den schmalen Weg mit den Stufen hinuntersteigt, beginnt der Zauber. Zwar trennt nur die vorbeifließende Jagst mit ihren Auen den Ort von der viel befahrenen Bundesstraße, doch hier herrscht dennoch Ruhe. Es scheint, als schmiege sich die kleine Kirche schützend an die zehn Meter hohe Felswand. Der Innenraum bestätigt den ersten Eindruck: Das Gestein bildet die natürliche Rückwand des Gotteshauses. Das Chorgewölbe und noch erhaltene Wandmalereien, der Altar in der Nische, die kleinen Holzbänke zeugen von längst vergangenen Tagen.

Um den Bau der alten Gemäuer ranken sich Mythen. Es heißt, ein Schäfer habe zu Anfang des 16. Jahrhunderts auf der Waldwiese über der Felswand einen Schatz gefunden. Aus Dankbarkeit wollte er dort eine Kapelle errichten, ließ Gräben ausheben, Steine behauen und Holz zuschneiden. Doch als man am nächsten Morgen mit der Arbeit beginnen wollte, lag das gesamte Material unten am Jagstufer. Am kommenden Tag wiederholte sich das Geschehen, Steine und Holz waren am Fluss erneut so angeordnet, dass sie deutlich den Grundriss einer Kirche bildeten. Der Schäfer soll darin Gottes Willen erkannt und die Kapelle aus Dank genau an dieser Stelle errichtet haben. Als Schatz wird St. Wendel zum Stein auch von den Dörzbachern wahrgenommen. Heute kümmert sich ein Förderverein liebevoll um diesen heiligen Ort der Stille.

Richten Sie Ihren Blick nach oben auf den Fels: In einer der Tuffsteinhöhlen hauste der Sage nach im Mittelalter das *Peitschenbabele*, eine Vagabundin.

Theater Dörzbach
Schlossweg 1
74677 Dörzbach
07937 80110
www.theaterdoerzbach.de

Schloss Eyb
74677 Dörzbach
07937 803310
www.doerzbach.de

101 Hochkultur, die glücklich macht
Bad Mergentheim – Theater

Wenn man durchs Städtchen fährt, ahnt man kaum, dass in der Gasse unweit des Schlosses ein Juwel von einem Schauspielhaus versteckt liegt. Im Theater Dörzbach sind Stefanie Goes und Christoph Soldan die Akteure hinter sowie auf der Bühne. Die kleine, aber feine Adresse mitten in der Provinz ist ein Geheimtipp, mittlerweile auch für viele Besucher aus dem Raum Stuttgart.

Sternekoch Vincent Klink war hier schon – nein, er hat nicht die Pfannen geschwungen, vielmehr hat er »gegrooved«. Seine Anekdoten aus der Küche, gewürzt mit seinem Können an der Jazztrompete, waren ein Highlight im Dörzbacher Theater. Wobei, solche Höhepunkte gibt es seit 2008 eigentlich in jeder Saison. Damals hat es das alte Gemäuer in der Schlossgasse dem Künstlerpaar Goes und Soldan angetan. Zuletzt als Storchenmuseum genutzt, zog mit der Tänzerin und Choreografin sowie dem Pianisten Glanz in den einstigen Schafstall. Und zwar professioneller Glanz: Die Bühne misst zehn auf acht Meter und ist mit einem Schwingboden, zwei Konzertflügeln und zahlreichen Scheinwerfern ausgestattet. Und die Zuschauerränge sind mit rotem Plüsch ausstaffiert, beleuchtet von edel glitzernden Lüstern.

Eigentlich hat man aus der Not einfach eine Tugend gemacht: Beide Künstler sind international tätig und brauchten 2008 für ihre gemeinsamen Projekte einen Proberaum. Aus der Basis im Jagsttal entwickelte sich schließlich das Theater Dörzbach. Der Dritte im Bunde war viele Jahre lang Peter Härtling, der 2017 verstarb. Mit ihm zusammen entstanden mehrere Bühnenstücke mit Text, Tanz und Musik wie die 2014 uraufgeführte Produktion *Schumanns Kinderszenen@Hallo Opa, Liebe Mirjam.de* oder *Sätze von Liebe* mit Gedichten von Härtling. Um ein neues Bühnenstück zu planen, erhielten Stefanie Goes und Christoph Soldan 2019 sogar europäische Fördergelder aus dem *LEADER Programm*.

Auch eine feine Adresse und gleich nebenan: das Schloss Eyb mit seinem jährlichen kammermusikalischen Festival Schubertiade.

Fauna Wildpark GmbH
Wildpark 1
97980 Bad Mergentheim
07931 563050
www.wildtierpark.de

102 Die mit den Wölfen spricht
Bad Mergentheim – Wildpark

Sie umgibt sich mit Wölfen, seit sie Tierpflegerin ist. Sandra Hertweck kennt »ihre« Tiere seit deren Beheimatung Mitte der 1980er-Jahre in Bad Mergentheim. 30 Welpen und ein erwachsener Rüde bildeten damals die Urfamilie des derzeitigen Rudels, das auf einer Anhöhe vor den Toren der Stadt heult. Heute stellt der Wildpark mit über 30 Tieren eines der größten Wolfsrudel Europas.

An diesem Tag sind die kanadischen Timberwölfe mit ihrem typisch schwarzgrau melierten Fell in Deckung. In der großzügigen, landschaftlich schönen Anlage mit Wassergraben, Hügellandschaft und dahinter liegendem Wald ist nichts zu sehen vom Wolf. Als aber Sandra Hertweck und ihre Kollegin ins Gehege gehen und Futter auf der Anhöhe verteilen, kommt vorsichtig Bewegung in den Park. Scheu wirken sie, die Tiere, die da auftauchen, so gar nicht wild und gierig. Fressen geht offensichtlich nur nach rudelinterner Rangordnung. Dabei spielt die Schwanzhaltung eine Rolle genauso wie das Spiel mit den Ohren und der Blickkontakt. »Wölfe haben eine richtige Mimik«, erklärt Sandra Hertweck. Beispielsweise können sie buchstäblich die Nase rümpfen. Begeistert erzählt die Pflegerin auch über das Familienleben der Tiere: »Der Leitwolf ist stark an der Erziehung der Welpen beteiligt.«

So vertraut Sandra Hertweck das Verhalten ihrer Schützlinge ist, so distanziert muss allerdings der Kontakt zum Rudel im Wolfswald außerhalb der Fütterungszeiten sein. »Alles, was sich im Gelände jenseits des Hügels abspielt, ist für uns tabu.« Die Wölfe sollen möglichst frei in einer natürlichen Gemeinschaft leben. Überhaupt setzt der Wildpark beim gesamten Tierbestand der gut 70 Arten auf einen möglichst unberührten Lebensraum. Im rund 40 Hektar großen Areal gibt es deshalb nur wenig Zaun, vielmehr dienen Wälle, Dämme oder Gräben als Befestigungen.

Mit dem Zelt ganz nah am Gehege und dazu noch über Nacht? Mutig und wolfsbegeistert muss man schon sein, um eine *Wolfsnacht* im Tierpark zu buchen.

Weinort Markelsheim
Ausgangspunkt:
Weingärtner Markelsheim eG
Scheuerntorstraße 19
97980 Bad Mergentheim-Markelsheim
07931 90600
www.markelsheimer-wein.de

103 Tauberschwarz, der Anspruchsvolle
Bad Mergentheim – Weinort Markelsheim

Sie schaffte es bis auf den Titel eines Krimis im Gmeiner-Verlag: In *Tauberschwarz*, dem Fall, der Kommissar Horst Meyer während seines Radurlaubs in Hohenlohe beschäftigt, spielt die gleichnamige Rebsorte eine zentrale Rolle. Beheimatet im Weinanbaugebiet Tauberfranken, galt sie lange Zeit als verschwunden. Heute erlebt sie eine Renaissance.

Über Jahrzehnte fehlte Tauberschwarz in den Markelsheimer Weinberglagen fast gänzlich. Erst nachdem 1959 die Rotweinsorte für ausgestorben gehalten wurde, hisste man im Taubertal die Fahne, machte sich auf die Suche nach letzten Rebstöcken und fand diese schließlich im Vorbachtal. Die staatliche Lehr- und Versuchsanstalt in Weinsberg reanimierte die alte Sorte, bis sie letztendlich 1996 nach der Zulassung wieder in den Weinbergen im Main-Tauber-Kreis und in zwei Gemeinden des Hohenlohekreises gepflanzt wurde. Heute liegt das Ausmaß der bestockten Fläche in Hektar wieder im zweistelligen Zahlenbereich, Tendenz stetig steigend. Die Weinzähne haben den Tauberschwarz für sich wiederentdeckt. Nicht zuletzt weil die Organisation *Slow Food Deutschland e. V.* die »bedrohte« Rebsorte in ihrer *Arche des Geschmacks* aufgenommen hat.

Erstmals wurde der Tauberschwarz bereits im 16. Jahrhundert als Teil des Weinzehnts angebaut. Für die Naturalabgabe mostete man andere Rebsorten wie den Elbling oder Roten Heunisch mit hinein, während heute reiner Qualitätsrotwein gekeltert wird. Auch die Markelsheimer Weingärtner, die sich vor über 100 Jahren zusammenschlossen, haben die Rarität wieder im Programm. Ihre Tauberschwarzserie trägt den Namen des Grafen Carl Ludwig von Hohenlohe-Weikersheim, der als einstiger Förderer des Weinbaus gilt. Und vermutlich würde ihm heute der fruchtige Tauberschwarz mit seinen feinen Zartbittertönen noch besser munden als der damalige Weinzehnt.

Feste feiern, wie sie fallen: Ein Muss ist das alljährliche Markelsheimer Weinfest!

Landgasthof und Hotel Jagstmühle
Jagstmühlenweg 10
74673 Mulfingen-Heimhausen
07938 90300
www.jagstmuehle.de

104 Kulinarischer Stern im Paradies
Mulfingen – Landgasthof-Hotel Jagstmühle in Heimhausen

2007 erfüllten sich der Unternehmer Gerhard Sturm und seine Frau Annemarie mit dem Erwerb und der Restaurierung eines historischen Mühlenanwesens einen Lebenstraum. Seitdem befindet sich der Landgasthof im Fluss mit der Natur und der Region. Über deren Grenzen ist die Jagstmühle weit hinaus bekannt, dennoch ist sie ein klares Bekenntnis zum Jagsttal. Zu einer schönen Kulturlandschaft gehören auch Landgasthöfe, die jedermann offen stehen, Wert auf traditionelle Gerichte legen und regionale Lebensmittel verarbeiten, so die Überzeugung der Betreiberfamilie.

Dass Hohenlohe eine außergewöhnliche wie vielfältige Bandbreite an Produkten bietet, weiß man in der Küche zu schätzen und perfekt umzusetzen. Schließlich steht mit Steffen Mezger seit Ende 2021 ein Meister der Kochkunst am Herd, der kulinarische Ausrufezeichen setzt. Seine bisherigen Stationen als Küchenchef in der Sternegastronomie, wie im Bayrischen Hof in München oder in der Residenz von Heinz Winkler, beweisen, dass er das hohe Niveau beherrscht. So liest sich schon die Speisekarte wie eine Gourmet-Bibel und verspricht außergewöhnliche Kreationen.

Das Landschaftsidyll am Fluss beherbergt neben dem Restaurant ein kleines und feines Hotel. Auszeit und Ruhe in trauter Zweisamkeit sind im malerischen Jagsttal garantiert. Ebenso bietet die Jagstmühle vielfältige Möglichkeiten, Feste zu feiern, beispielsweise eine unvergessliche Hochzeit unter freiem Himmel auf der Jagstinsel.

Die Mühlenscheune ist ein weiteres Highlight des Landgasthofes. In der gemütlich-urigen Gaststube erwartet den Gast feine und bodenständige Küche – und das an allen Wochentagen. Ideal also für alle Jagsttal-Tagestouristen.

Abonnieren Sie am besten den Newsletter, und verpassen Sie keines der besonderen Events in der Jagstmühle!

Mawell Resort
Roseneck 5
74595 Langenburg
07905 94140
www.mawell-resort.de

Langenburger Schafkäserei
Breberweg 2
74595 Langenburg
07905 475
www.schafkaese.com

105 Luxusherberge für Jakobspilger
Langenburg – Mawell Resort

Von Rothenburg ob der Tauber bis nach Rottenburg führt die Nummer 26 der deutschen Jakobswege. Ein 60 Kilometer langes Teilstück schlängelt sich durchs Hohenloher Land. Über Schrozberg, Billingsbach und Atzenrod gelangt man bei Kilometermarke 37 nach Langenburg. Hier können Jakobspilger nach der Tagestour nicht nur die Füße hochlegen, sondern den ganzen Körper verwöhnen lassen. Das im Jahr 2013 eröffnete Mawell Resort lässt als luxuriöses Wellnesshotel keine Wünsche offen – natürlich nicht nur die der Jakobspilger.

Dampfsauna, Waldsauna, Biosphärensauna, Salzgrotte, Floating-Pool, Salznische mit Himalaja-Salz, Panoramasaal-Lounge mit Infrarotschwebeliegen – die Wohlfühlliste ließe sich fast endlos fortsetzen. Keine Frage: Der Hohenloher Unternehmer Wolfgang Maier setzte mit dem Designhotel neue Maßstäbe. Schon von Weitem fällt der 27 Meter hohe Turm auf, in dem sich eine Barlounge, ein Saunabereich und ein Pool befinden. Elegant schmiegt sich das Areal an die Jagsttalkante, beim Bau wurden die natürlichen Gegebenheiten berücksichtigt, und so wurden für die gesamte Anlage lediglich zehn Bäume gefällt. Das heißt: garantierte Entspannung im Grünen, ob in der Jägersauna oder im Outdoor-Pool.

Eine uralte Natursteinlandschaft ist schließlich das Herzstück des 4.000 Quadratmeter großen Spa-Bereichs, der dadurch über eine wohl einzigartige Atmosphäre verfügt. Eine Salzgrotte mit Salzpool und Gradierwerk, umgeben von einem meterhohen Felsen, der in Jahrmillionen gewachsen ist, vermittelt das Gefühl von Erhabenheit.

Wenn Sie dann noch Ihren Blick übers idyllische Jagsttal auf die andere Seite zum imposanten Schloss der Langenburger Fürstenfamilie schweifen lassen, werden Sie das Weiterpilgern mit Sicherheit vergessen.

Machen Sie einen Besuch bei der Langenburger Schafskäserei. Der Demeter-Rohmilchkäse der Familie Fischer ist preisgekrönt.

Café Bauer
Hauptstraße 28
74595 Langenburg
07905 363
www.echte-wibele.de

106 Nicht nur der Adel liebt Wibele
Langenburg – Café Bauer

»Die oane werde g'schdanzd, die andre werde g'seecht, wohl dem, der's verdreecht!« Zugegeben, diese Beschreibung des Langenburger Mundartdichters Kurt Rösch lässt nicht unbedingt auf eine kulinarische Köstlichkeit schließen. Und doch ist hier die Rede vom wohl kleinsten und feinsten Gebäck der Welt. Es zergeht auf der Zunge und hinterlässt dieses sehnsüchtige Gefühl nach mehr. Zweimal pro Woche macht sich daher Konditormeisterin Andrea Meidlinger ans Blech.

Die Wibeleproduktion wird angeworfen, die eigens dafür konstruierte Maschine lässt kleine Teigkleckse akkurat aufs Backblech tropfen. Anschließend verschwindet das Minigebäck für gut 12 Minuten im Ofen. Voilà! Sie sind fertig, die echten Langenburger Wibele! Andrea Meidlinger ist nicht nur Bäckerin und Konditorin, sondern auch Hüterin einer langen Familientradition. Ihr Vorfahre Christian Carl Wibel war der Erfinder des leckeren Backwerks. »Geduldzeitlich« nannte der Hofkonditor des Langenburger Fürsten seine Kreation damals. Schließlich gab es anno 1763 noch keine Maschinen und Wibel musste viel Ausdauer zur Herstellung der winzigen Tropfen beweisen. Am Hofe mundete die Süßigkeit auf Anhieb. Und zwar so sehr, dass der damalige Fürst Karl zu Hohenlohe-Langenburg das Gebäck der Konkurrenz verschmähte und nur noch »die vom Wibele« forderte.

Exklusiver Hersteller der 1911 patentierten »echten Langenburger Wibele« ist seit Generationen das Café Bauer. Das 22 Millimeter lange und 12 Millimeter breite Biskuitgebäck kommt heute in der ganzen Welt herum – und in die Haushalte von über 1.000 Adelsfamilien. Selbst die Queen naschte schon ein Wibele, war doch Elisabeth II. mit Gemahl 1965 in Langenburg zu Gast. Auch Prinz Charles machte bei seinem Besuch im Frühjahr 2013 eine Stippvisite bei Andrea Meidlinger! Immerhin pflegt das britische Königshaus verwandtschaftliche Beziehungen zu Fürst Philipp zu Hohenlohe-Langenburg.

Auf der Terrasse mit wunderschönem Blick ins Tal ein Latte Macchiato und ein »Ätschgäwele« genießen und dann zum Langenburger Stadtrundgang aufbrechen!

Schloss Langenburg
Schloss 1
74595 Langenburg
07905 941900
www.schloss-langenburg.de

107 Auf Rosen gebettet
Langenburg – Schloss Langenburg

Kann man einen Lieblingsplatz haben, an dem sich einmal im Jahr Tausende Menschen tummeln? Eindeutig ja, wenn es das Schloss Langenburg mit seinen *Gartentagen* ist! Fürst Philipp und Fürstin Saskia zu Hohenlohe-Langenburg können auf eine wahre Erfolgsgeschichte des Events zurückschauen. Die Besuchermassen werden wohl weiterhin strömen, ist doch die Gartenmesse im glanzvollen Ambiente einfach nur beeindruckend.

Seit dem 13. Jahrhundert ist das Schloss Wohnsitz der Fürstenfamilie Hohenlohe-Langenburg. Er sei jetzt nicht unbedingt der Gärtner, konstatiert Fürst Philipp, allerdings habe er während der letzten Jahre vieles gelernt. Zur Premiere der *Gartentage* 2004 zählte man noch weit unter 10.000 Gäste. Heute pilgern am ersten Septemberwochenende mehrere Zehntausend aus dem ganzen süddeutschen Raum und darüber hinaus nach Langenburg. Im Renaissanceinnenhof und dem Barockgarten des fürstlichen Domizils geben sich gut 170 Aussteller ein Stelldichein. Je nach Jahresmotto haben sie allerlei im Gepäck, was Gärten grüner und schmucker macht: seltene Duftrosen und Wildtulpenzwiebeln oder auch Designerliegen und Schwimmkugeln für den Gartenteich. Um das Gewusel am Veranstaltungswochenende etwas zu entzerren, wurde jüngst an Ruhezonen gearbeitet. So entstand auf dem sieben Hektar großen Schlossareal beispielsweise ein *Rundweg der Entspannung* mit Klanggarten, Duftkräutern und Teezelten.

Die junge Adelsfamilie zum Anfassen gibt es erst seit 2004. Bis dahin lebte Fürst Philipp in London, arbeitete dort ganz bürgerlich als Bankkaufmann. Als sein Vater starb, kehrte er nach Langenburg zurück. Mit den Fürstlichen Gartentagen und dem *Deutschen Automuseum Langenburg* setzt der Fürst auf ein offenes Haus. »Früher war das mal ein Schloss, heute ist es eine Eventlocation.«

Wohnen und Schlafen mit Schlossblick: Die stilvollen Ferienwohnungen im Marstall oder Kutscherhaus kann man mieten!

Rudolf Bühler vom
Sonnenhof
Haller Straße 20
74549 Wolpertshausen
07904 97970
www.besh.de

Regionalmarkt Hohenlohe
Birkichstraße 10
74549 Wolpertshausen
07904 9438010
www.regionalmarkt-hohenlohe.de

108 Heimat des Mohrenköpfles
Wolpertshausen – Sonnenhof

Eberhard von Bühler residierte im 13. Jahrhundert auf seiner Burg hoch über dem gleichnamigen Fluss. Eine Hofstelle unterhielt er weiter unten, direkt an der wichtigen Salzstraße, die von Schwäbisch Hall nach Prag führte. Um sie herum sollte sich später das Dorf Wolpertshausen ansiedeln. Heute existiert das stattliche Anwesen des Ritters immer noch, und die Familie Bühler ist in der 14. Generation stolzer Besitzer des Sonnenhofs.

Wohl mag noch das ritterliche Blut seiner Vorfahren in den Adern pulsieren, gilt doch Rudolf Bühler als wehrhafter Kämpfer für genetische Vielfalt in der Landwirtschaft. Nach langer Zeit als Entwicklungshelfer in Afrika und Asien kehrte der Agraringenieur Mitte der 1980er-Jahre nach Hause ins Hohenlohische zurück. Hier fand er nur noch »Hochleistungssäue« vor, während das einst heimische Schwäbisch-Hällische Landschwein nahezu ausgestorben war. Zuerst setzte Bühler in den Stallungen des elterlichen Betriebs Segel und begann mit sechs Säuen und einem Eber, das Mohrenköpfle wiederzubeleben. Der Sonnenhof wurde schnell zum Dreh- und Angelpunkt für eine neue Entwicklung: der Rückbesinnung auf das traditionell Gute.

Einst Umspannstelle für Pferdefuhrwerke, Station der adligen Thurn-und-Taxis-Post, Brennerei oder auch erste Wolpertshausener Genossenschaftsbank, ist das Anwesen heute Sitz der überregional bekannten *Bäuerlichen Erzeugergemeinschaft Schwäbisch Hall AG.* Waren es früher Reisende und Kutscher, die Rast machten, kommen heute Wissenschaftler, Politiker und Entwicklungsexperten aus der ganzen Welt auf den Sonnenhof. Beim jährlichen Hoffest erhalten alle Interessierten lehrreiche Einblicke in artgerechte Haltung. Diese dokumentiert ebenso der Film *Und es geht doch … Agrarwende jetzt!,* der im September 2022 im Kino Premiere feierte. In der Hauptrolle: Rudolf Bühler.

Direkt an der Autobahnausfahrt Wolpertshausen finden Sie die Markthalle der Bäuerlichen Erzeugergemeinschaft Schwäbisch Hall AG, den Regionalmarkt Hohenlohe.

Rössle Saurach
Saurach 3
74564 Crailsheim-Saurach
07904 297
www.fundis-saurach.de

109 Blootz auf die Hand
Crailsheim – Gasthaus Rössle in Saurach

»D'r Blootz isch a weng wia d'r Flammkucha bei de Gelbfiasler, aw-
wer achentlich isch onser Blootz viel besser. In Sauri wird der g'macht
wia früher, do kummt nix aus d'r Bix druff. Kumm doch oafach anema
Freidich vorbei und hau d'r a boor Schticklich nei und sauf an Mouschd
dazu.« Nehmen Sie die Einladung der Familie Fundis an! Freitags auf
nach Saurach zu ihrem Pferdehof, um im Gasthaus Rössle den Blootz
kennenzulernen.

Auf über 100 Jahre Gasthaustradition kann das *Rössle* zurückbli-
cken. Ruhetage oder Urlaub habe es all die Zeit so gut wie nie gegeben, weiß Elsbeth Fundis, Vertreterin der dritten Generation und kulinarische Schirmherrin im urigen Gasthaus. Und damit ist klar: Der
landwirtschaftliche Betrieb, heutzutage als Reiterhof geführt, verlangt
Familieneinsatz rund um die Uhr. Vor allem das Blootzessen an jedem
Freitag zieht Feinschmecker aller Couleur nach Saurach. Am Stamm-
tisch der Gaststube, geschmückt mit Relikten vergangener Jahrzehnte,
sitzen Handwerker beim Feierabendmost und geben sich mit Herrschaften in feinem Zwirn die Klinke in die Hand. Dabei ist es manchmal
wie im Wartezimmer einer Arztpraxis: Es geht immer der Reihe nach,
bis alle Platz finden.

Freitags schlägt vor allem die Stunde von Elsbeth Fundis. Tagsüber
hat sie Teig geknetet und dünn ausgerollt, Zwiebeln, Lauch und Speck
geschnippelt, schließlich mit dem Sauerrahm verquirlt. Die genaue Re-
zeptur? »Das ist und bleibt ein Geheimrezept«, bekräftigt die Köchin,
wieder ein Lachen auf den Lippen. Laufend und dampfend heiß, frisch
und kross kommt der Blootz aus dem Ofen und wird von ihr auf großen
Holzschiebern von Tisch zu Tisch gereicht. Teller? Fehlanzeige! Die guten Stücke werden einfach von der Hand in den Mund geführt. Und der
eigene Appetit, heißt die verzehrten »Schticklich«, auf dem Bierdeckel
festgehalten.

In den Sommermonaten heißt es einmal die Woche: Grillen im Biergarten!

Gasthof Ochsen und Dorfkäserei Geifertshofen
Bachstraße 2
74426 Bühlerzell-Geifertshofen
Gasthof: 07974 9699873
Käserei: 07974 911770
www.dorfkaeserei.de/gasthof-ochsen

110 Alles Heumilchkäse!
Bühlerzell – Gasthof Ochsen und Dorfkäserei Geifertshofen

Ein Holunderblütenkäse im Frühsommer, der Schwarzkümmelkäse im Herbst oder ein aromatischer Zimtkäse im Winter – diese Besonderheiten aus der Dorfkäserei Geifertshofen kommen im Gasthof Ochsen auf den Tisch. Käseverkostungen führte die feine Dorfkäserei zwar schon einige Jahre im eigenen historischen Gasthof durch, jetzt wird aber am Herd wieder gekocht.

Im Jahr 2014 wurde die Geifertshofener Dorfkäserei auf ein neues Fundament gestellt. Die *Bäuerliche Erzeugergemeinschaft Schwäbisch Hall AG* mit Rudolf Bühler als Gründer und Vorstand half damals dem in Insolvenz geratenen Betrieb wieder auf die Beine. Als kleine Aktiengesellschaft unter Beteiligung von gut 140 Bürgern aus der Region kann die Käseschmiede zuversichtlich in die Zukunft blicken. »Dabei steht nicht die Gewinnmaximierung im Fokus«, betont Nadine Bühler, Vorstandsvorsitzende der *Dorfkäserei Hohenlohe AG*. Vielmehr spielen die Milchbauern die Hauptrolle. Die Heumilch, die in Geifertshofen angeliefert wird, stammt ausschließlich von kleinen Höfen der Umgebung, die unter Demeter- oder Biolandrichtlinien ihre Flächen bewirtschaften. So fließt die ganze Bandbreite sonnensatter Gräser und würziger Kräuter in die Milch, die im Handwerksbetrieb dann zum Käse wird. Geschmack pur bedeutet dies für die zwölf Sorten umfassende Hartkäsepalette, die genau deswegen auch in den Sterneküchen – nicht nur in Hohenlohe – gefragt ist. Mittlerweile ist die Dorfkäserei weit über regionale Grenzen hinaus bekannt.

Der urige Gasthof hat nur zu bestimmten Terminen geöffnet, kann jedoch für Feierlichkeiten gemietet werden. Mit dem Dorfladen bilden Gasthaus und Käserei ein harmonisches Dreiergespann. Produkte für den täglichen Bedarf finden sich neben erlesenen Spezialitäten wie Akaziensekt oder Feigensenf im Regal – natürlich »made in Hohenlohe«!

Die Bioheumilchkäseproduktion kann man beobachten bei den Führungen in der Dorfkäserei Geifertshofen.

Burg Stettenfels

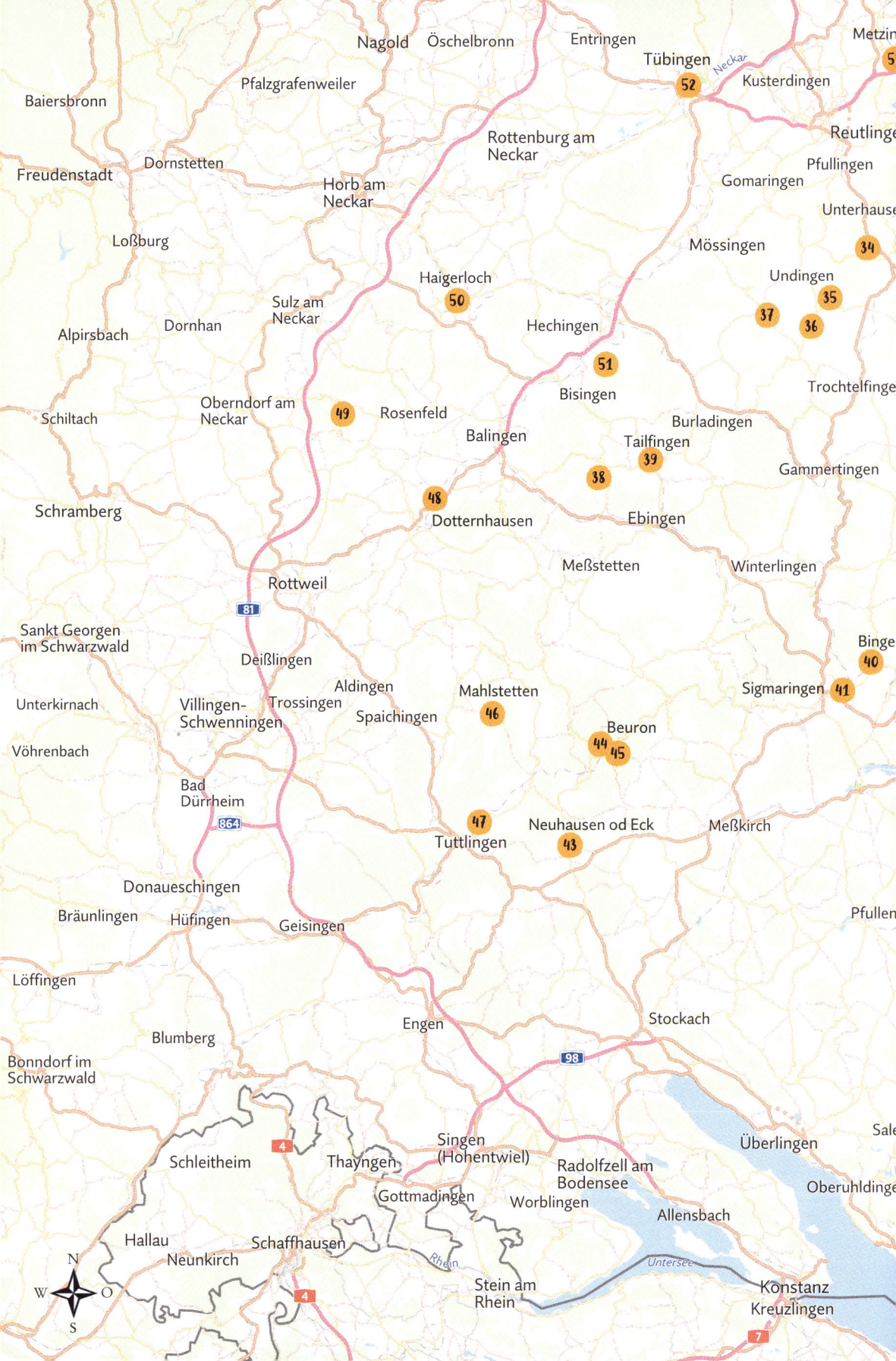

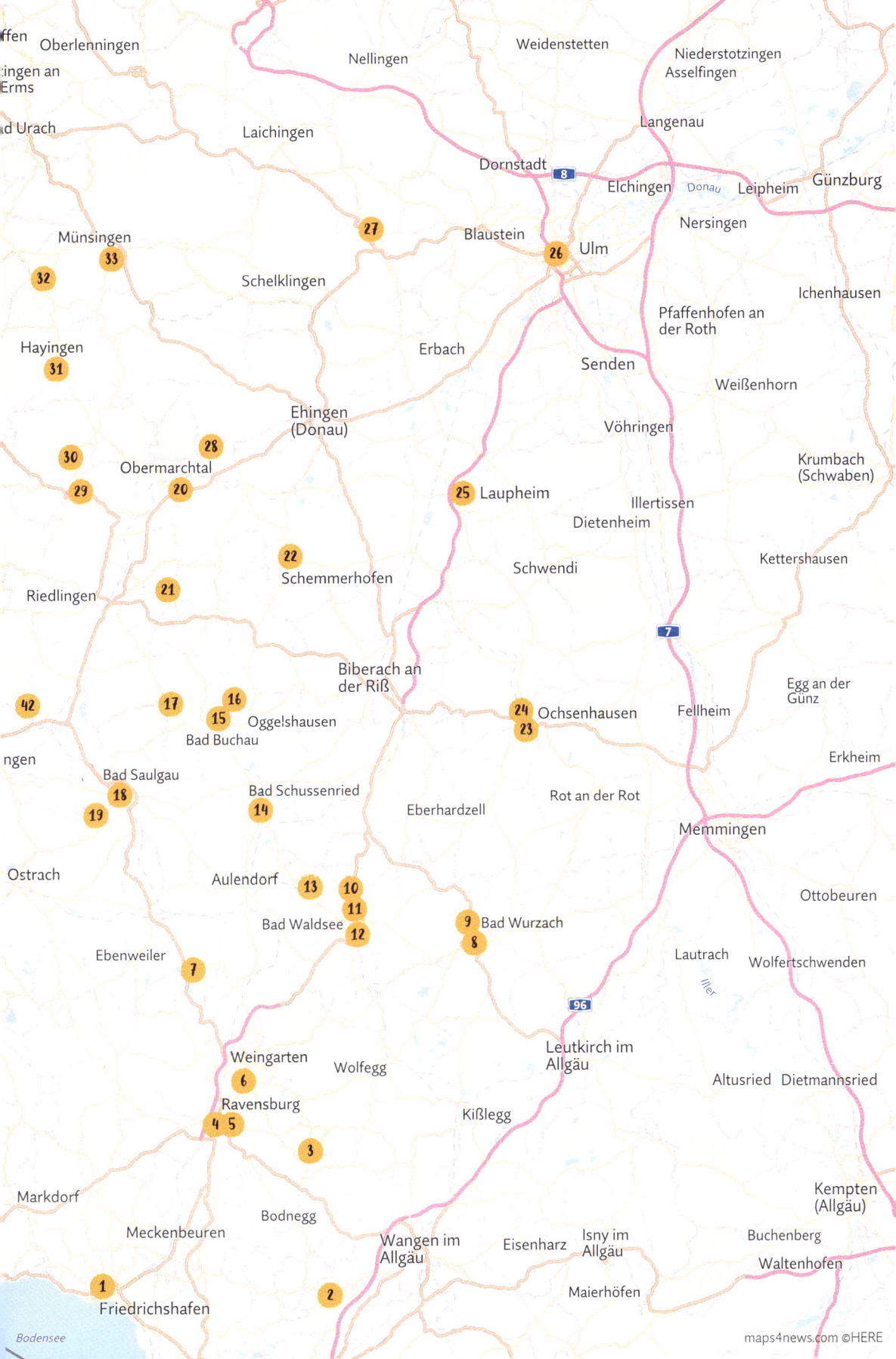

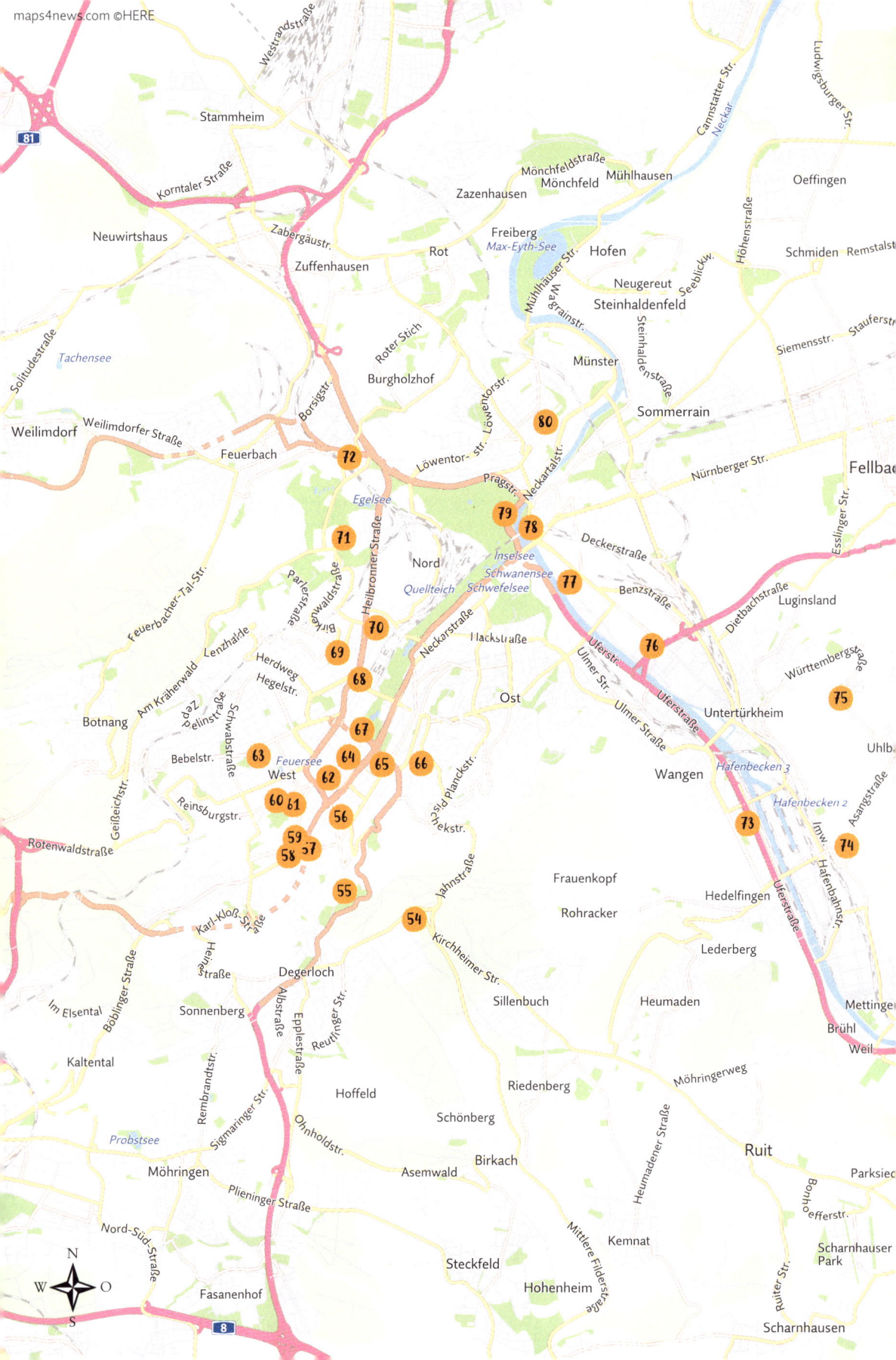

maps4news.com ©HERE

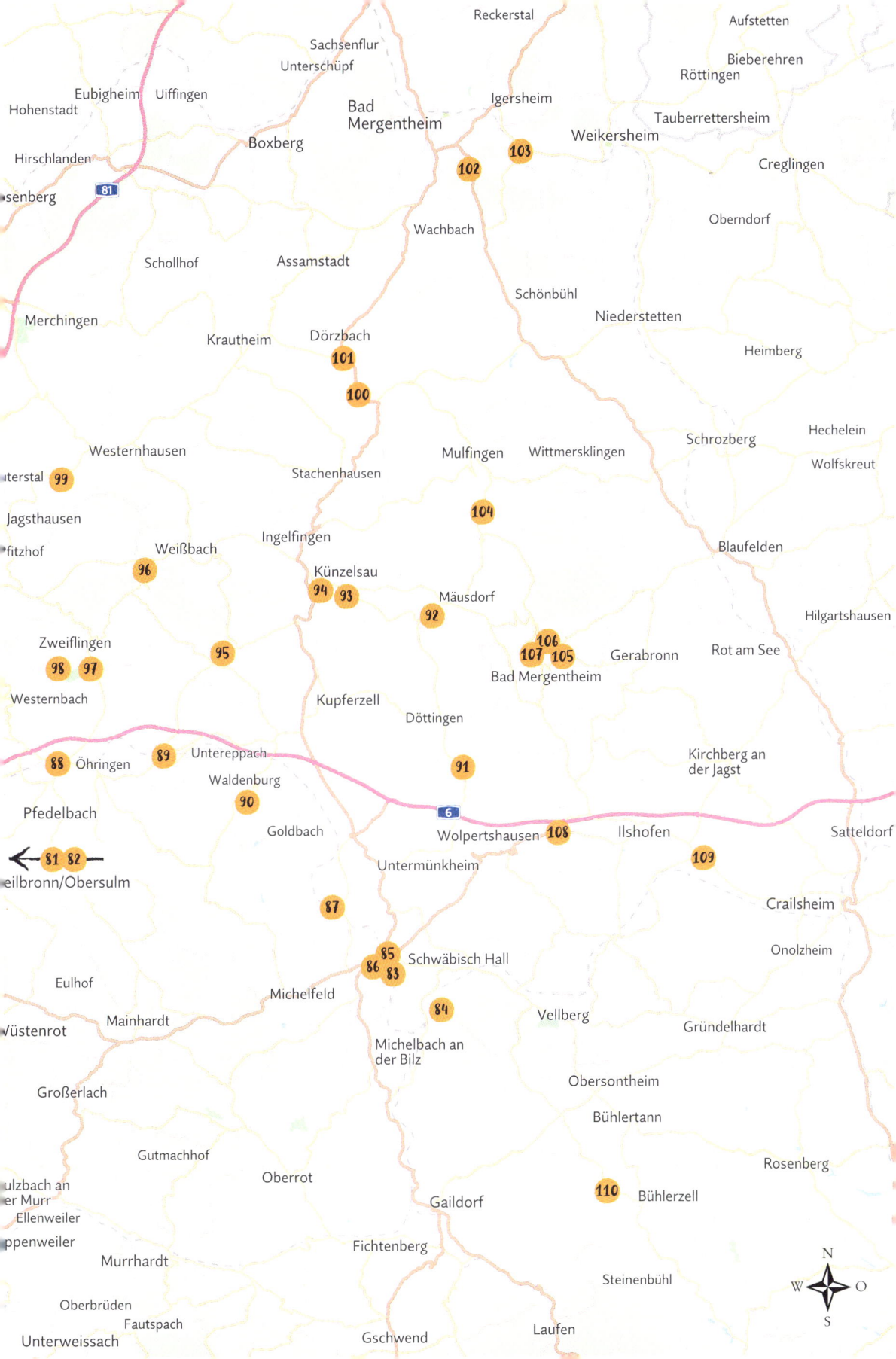

Blühendes Barock in Ludwigsburg

Bildverzeichnis

Dornier Museum Friedrichshafen, Brigida González, Stuttgart 14; Artur F. Renz/Gasthof zum Hirsch 16; Tourist-Information Ravensburg 20; Museum Ravensburger 22; Amt für Kultur und Tourismus Weingarten 24; Vorseer Stallbesen 26; Kurverwaltung Bad Wurzach 28; Hymer Museum/Achim Mende 34; Kurverwaltung Bad Waldsee 36, 38; Bierkrugmuseum Bad Schussenried 40; Federseemuseum/Klaus Weiss 42; NABU/Jost Einstein 44; Bachritterburg Kanzach 46; Hotel Kleber Post 48; Gemeinde Uttenweiler/Markus Rieger 52; Gemeindeverwaltung Obermarchtal 54; Edwin Schuler 56; Stadt Ochsenhausen 58; Planetarium Laupheim 62; © Hans/pixabay.com 64; Notburg Geibel 66, 68, 70, 72, 74, 78, 80, 82, 84, 88, 92, 94, 96, 98, 102, 104, 108, 110, 112, 114, 118, 120; Biohotel Rose 76; Hohenzollerische Ballonfahrer 90; Freilichtmuseum Neuhausen 100; Hirsch-Brauerei Wurmlingen 106; Björn Schick/Fotolia 116; Leif Piechowski 124, 128, 132, 134, 138, 142, 144, 146, 148, 150, 152, 156, 158, 160, 162, 164, 166, 168, 174, 176, 178; Andrea Jenewein und Frank Rothfuß 126, 136, 140; Pixabay License/BarneyElo 170; Lichtgut/Leif Piechowski 172; Touristikgemeinschaft Hohenlohe e.V. 180, 220; Experimenta Heilbronn/Matt Stark 182; Frank Borde 184; Holger Kaag 186; Großer Siederhof Schwäbisch Hall, Verein Alt-Hall e.V. 188; Geigenbauwerkstatt Hatting 190; Adolf Würth GmbH & Co. KG 192; Schwäbischer Wald Tourismus e. V./Jan Bürgermeister 194; Wolfgang Schmidt 196; Ute Böttinger 198, 200, 202, 204, 206, 208, 212, 222, 240; Adolf Würth GmbH & Co. KG 210; Henry Doll 214, 218; Wald- und Schlosshotel Friedrichsruhe/Niels Schubert 216; Bernhard Kuees 224; Fauna Wildpark GmbH 226; Thomas Weller 228; Alexander Romppell 230; Andi Schmid 232; Café Bauer/Irina Meidlinger 234; Bäuerliche Erzeugergemeinschaft Schwäbisch Hall AG 238; Ellen Ziperer 242; maxmann 244; Pixabay License/wolfgangvogt_lb 250

Zu den Autoren

UTE BÖTTINGER ist in Herrenberg geboren und aufgewachsen. Seit 2004 lebt die freie Journalistin und Autorin in Hohenlohe. Sie schreibt über Reisen, Wein und Kulinarik.
Bisherige Veröffentlichungen: Lieblingsplätze in Hohenlohe; Lieblingsplätze Schönbuch; Friedrichsruhe – Ein kulinarischer Krimi

NOTBURG GEIBEL ist Journalistin und Autorin zahlreicher Bücher. Das thematische Spektrum ihrer Publikationen erstreckt sich von Wirtschaft über Wissenschaft bis zur Kunst.
Bisherige Veröffentlichungen: Schatzkammer Naturpark Obere Donau; Anhaltspunkte; Hoch droben auf der Alb; Die Spuren der Mönche; Schwenningen; An der jungen Donau; Fünf-Sterne-Kreis Tuttlingen; Im Kreis der Mächtigen; Himmlisches Viereck; Geniewinkel

JOCHEN SCHMID arbeitet seit vielen Jahren als Redakteur beim Fernsehen und hat eine starke Affinität zum Raum Oberschwaben/Bodensee.
Bisherige Veröffentlichungen: Oberschwaben von Asam bis Zeppelin; Gipfel und Seen in Vorarlberg; Geschwister Hofmann – Bilderbuch einer musikalischen Karriere

ANDREA JENEWEIN war als freie Journalistin, Lektorin und Autorin tätig, bevor sie Lokalredakteurin bei den »Stuttgarter Nachrichten« und der »Stuttgarter Zeitung« wurde.
FRANK ROTHFUSS arbeitet als Redakteur in der Lokalredaktion der »Stuttgarter Nachrichten« und der »Stuttgarter Zeitung«.
Bisherige Veröffentlichungen: Land der Tüftler und Denker – Die besten Erfindungen aus Baden-Württemberg; Stuttgart – Kesseltreiben und Höhenrausch

Bernhard Hampp,
Schwaben erlesen!
978-3-8392-2123-5

LITERARISCHES JUWEL Die Heimat von Friedrich Schiller und Hermann Hesse ist die Wiege berühmter Dichtung und Bücherschätze. Nirgendwo sonst kann man an so vielen Orten großen Denkern, Buchpionieren und Lesetrends nachspüren. Diese Sammlung bibliophiler Orte lässt in die Welt des gedruckten Wortes eintauchen. Der Autor Bernhard Hampp führt auf einer Reise durch Württemberg hinter die Kulissen bedeutender Literatureinrichtungen und stellt mit Charme und Sachverstand gewitzte Buchfälscher, philosophische Überflieger und Minnesänger vor.

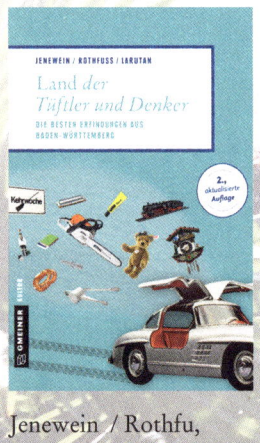

Jenewein / Rothfu,
Land der Tüftler und Denker
978-3-8392-2001-6

EINFACH CLEVER Was haben Auto, Fahrrad, Rechenmaschine, Teebeutel und Dauerwelle gemeinsam? Richtig – das alles sind Erfindungen aus Baden-Württemberg oder von gebürtigen Badenern und Württembergern. Ohne die Tüftler aus dem Ländle sähe unser Alltag ganz anders aus. Doch wer steckt hinter den einzelnen Erfindungen? In einer unterhaltsamen Tour de Force führt dieses Buch durch die spannende Geschichte der 55 tollsten Erfindungen aus dem Südwesten und stellt Orte vor, an denen man sich auf ihre Spuren machen kann.

Thomas Faltin
**Lieblingsplätze für Wanderer –
Schwäbische Alb**
192 Seiten, 14 x 21 cm
Klappenbroschur
ISBN 978-3-8392-0375-0
€ 18,00 [D] / € 18,50 [A]

Naturnah wandern und dabei Gipfel, Höhlen, Burgen
und die Eiszeit erleben, mit Kindern in einen kühlen See
springen oder in urige Hütten einkehren – die Schwäbische Alb hält unvergessliche Wandererlebnisse bereit!
Annähernd 100 Premium- und Qualitätswege wurden vom
Deutschen Wanderinstitut und vom Deutschen Wanderver-
band zertifiziert. Doch wie behält man da den Überblick, und
welche Wanderung eignet sich für den eigenen Geschmack?
Dieser Band vereint erstmals alle Premium- und Qualitätswege der Region und macht sie durch eine unabhängige Bewer-
tung vergleichbar. Insidertipps zu Einkehrmöglichkeiten und
zu Ausflugszielen ermöglichen eine individuelle Planung.
Und nun ab ins Grüne!

GMEINER

Lili Lemberg,
**Haja oder Hanoi?
Wehrles
Detektivmobil**
978-3-8392-0698-0

LÄNDLEKRIMI MIT SUCHTPOTENZIAL Tante
Ilse ist tot. Während der Trauerfeier erfährt Nichte
Nik von ihrem Erbe: Ilses alter Bulli gehört nun ihr.
Plus eine kleine Geldsumme! Endlich kann sie sich
ihren Lebenstraum erfüllen: eine mobile Detektei. Sie
plant, die schönsten Orte im Ländle zu besuchen und
dabei ihre Dienste anzubieten. Der erste Auftrag ist
inklusive, denn schnell wird klar: Der Sturz von Ilse
Behringer war kein Unfall. Nik sucht Antworten auf
die Frage nach dem Täter im Tagebuch ihrer Tante.
Dann verschwindet Ilses Mitbewohner Herbert.
Während die Fahndung läuft, stößt Nik auf weitere
Verdächtige …

Helga Becker,
Domm gloffa!
978-3-8392-0692-8

DIE MISS MARPLE AUS DEM SCHWABENLAND
Frau Nägele, die schwäbische Miss Marple, ist sich
sicher: Der Öchsle hat sich nie und nimmer selbst in
der eigenen Rotweinmaische umgebracht. »Der wär
jo schee bled!« Vielmehr wittert ihre kriminalistische
Spürnase ein Verbrechen in der High Society der
schwäbischen Kleinstadt. Mit Scharfsinn mischt sich
die Schlabbergosch unter die feinen Leut und versucht, mit eigenwilligen Methoden das Netz aus Affä-
ren und Kumpanei zu entwirren. Als weitere Leichen
auftauchen und eine alte Geschichte ans Licht kommt,
ist Frau Nägele in ihrem Element. Mit gefährlichen
Folgen.